¡ADELANTE!

NELY GALÁN

con GUY GARCÍA

SPIEGEL & GRAU · NUEVA YORK

¡ADELANTE!

Cómo ser
emprendedora
y autosuficiente
para alcanzar una vida
rica y realizada

Título original: *Self Made*

Derechos de autor © 2016, Nely Galán

Traducción al español: María Victoria Roa.

ISBN 978-0-399-59076-4

Ebook ISBN 978-0-399-59077-1

Impreso en los Estados Unidos de América sobre papel alcalino

randomhousebooks.com

246897531

A mis padres, Arsenio y Nélida, que sacrificaron todo por traerme a este país y a quienes debo mi camino hacia una vida rica y realizada. Los quiero mucho.

■

A Brian, que llegó a mi vida cuando ambos luchábamos por alcanzar la independencia económica y que ha traído a mi vida luz, amor y generosidad. Eres la persona más considerada y amorosa que conozco. Te quiero y te valoro. Te doy gracias por querer a mi hijo y por ser el mejor papá del mundo, todo lo cual me ha permitido volar.

■

A mi hijo Lukas. Eres mi amor. Has enriquecido mi vida en todos los sentidos. Te paso la antorcha de tu propio éxito. ¡Sé que tú puedes hacerlo!

La reconocerás nada más verla,

porque Ella es una mujer que luce igual a ti

y a todo lo que amas. ¿Recuerdas?

— DE *DESATA A LA MUJER FUERTE*
POR CLARISSA PINKOLA ESTÉS

Caminante, no hay camino.

Se hace camino al andar.

— ANTONIO MACHADO

Prefacio

■

SUZE ORMAN

UANDO NELY ME PREGUNTÓ SI ME INTERESABA escribir el prefacio de su libro, solo dije:

—¿Cuál es el título?

—¡ADELANTE! —respondió; y con eso tuve para aceptar hacerlo.

Conozco a Nely hace mucho tiempo y tenemos muy buenas amistades en común, como la extraordinaria Nell Merlino, la mujer que inició *Take Our Daughters to Work Day* [El día de llevar nuestras hijas al trabajo], fundadora y presidenta de *Count Me In for Women's Economic Independence* [Me apunto a la independencia económica de las mujeres], organización nacional dedicada a ayudar mujeres emprendedoras. Nely me ha gustado siempre —ella es auténtica, rebosante de vida y energía — y siempre he admirado su trayectoria de chica cubana de New Jersey a poderosa empresaria del mundo del entretenimiento. Ella jamás ha olvidado sus raíces, ha servido a su comunidad y me parece que ha alcanzado el éxito en sus propios términos. Ambas anduvimos caminos difíciles desde orígenes humildes; criada en el South Side de Chicago, yo fui mesera hasta los treinta años. Pero mi admiración por Nely creció cuando supe exactamente cómo triunfó por su propia cuenta, lo cual revela en este libro. ¿Sabían ustedes que ella es una magnate del área de bienes raíces? ¿Que ha invertido su dinero en una forma tan inteligente y estratégica que la empoderó para controlar su destino?

Nely es la personificación de muchas de las virtudes que en los últimos veinticinco años he venido predicando a tantas mujeres. Compartimos una misma filosofía del dinero. Ella entiende que solo tú puedes salvarte a ti misma y sabe que eres tú quien debe valorarse a sí misma —Yo digo, "¡No te vendas!" Ella dice, "Primero ¡elígete tú!". Yo te pido que vivas por debajo de tus posibilidades; ella te recomienda pensar como inmigrante. Ambas amamos la palabra "sacrificio". Para ser dueña de tu propio poder, yo te digo, "¡Pronuncia tu nombre!" y Nely te dice "¡Declárate!" Ambas creemos en lo que verdaderamente significa ser rica en todos los sentidos.

En mi libro *Women & Money* [Mujeres & Dinero] hay un capítulo titulado "Las ocho cualidades de una mujer rica". A continuación, te ofrezco un pasaje del mismo como mi deseo para ti, lectora de este libro de Nely que vas camino de volverte una gran emprendedora.

Recuerda armarte de valor y acallar tu temor.

Recuerda tener en la mira tu meta, lo que realmente quieres lograr, no importa lo que cualquier otra persona haga o diga para desanimarte. Simplemente sigue adelante.

Recuerda mantenerte al tanto de tu dinero, entablar una saludable relación con el mismo, porque lo que le ocurra a tu dinero afecta la calidad de tu vida y de la vida de todos aquellos que amas.

Recuerda hacer siempre lo correcto en lugar de lo fácil, y no te vendas jamás, porque tú mereces mucho más que eso.

Y por último, aunque no menos importante, te pido que mires directo a los ojos a todas las personas y que, respaldada por la fuerza y el poder de todas las mujeres del mundo, dentro de ti y delante de ti, PRONUNCIES TU NOMBRE.

El tiempo del movimiento ¡Adelante! ha llegado. Me enorgullece estar en primera línea junto a mi amiga Nely y en solidaridad con todas ustedes.

—Suze

Contenido

3.

CÓMO VOLVERTE EMPRENDEDORA Y TRABAJAR POR CUENTA PROPIA

Introducción

■

YO TRABAJO POR MI PROPIA CUENTA Y SOY UNA mujer emprendedora. Qué increíble poder decir eso, sobre todo siendo una mujer que no nació en este país, que hasta hace poco no se había graduado de una universidad, que no posee una habilidad o talento evidente y que no se ha inventado un producto multimillonario. Soy una mujer común y corriente que ha tenido una vida fuera de lo común, no por haber ido a las universidades correctas o por tener conexiones, sino por tomar el éxito y la felicidad en mis propias manos y haberme vuelto económicamente autosuficiente, pensando como empresaria.

Poder decir que soy "emprendedora" es un honor. Ser emprendedora es una nueva forma de definir el éxito de las mujeres. Una mujer emprendedora es libre, es económicamente independiente o va camino de serlo. Una mujer emprendedora actúa como jefa y propietaria de cada aspecto de su vida; porque lo es. Una mujer emprendedora es autónoma, independiente y rica por dentro y por fuera.

Volverse empresaria no es inalcanzable. Hoy en día es fácil para todas. Para encontrar una mujer que trabaja por su propia cuenta no necesitas ir muy lejos. Sólo mira a tu alrededor. Es la mamá que cuida de su bebé y administra una boutique en línea desde su hogar; la señora de la limpieza que acepta reservaciones por sus servicios a través de su sitio web y cobra por PayPal; la enfermera independiente que acepta los pagos a través de Square; la propietaria de franquicia que emplea a toda su familia; la empleada corporativa que vende sus joyas de diseño en Etsy; la madre cuyos hijos se han marchado y alquila habitaciones en su hogar a través de Airbnb; la pastelera que promueve en Instagram sus pasteles inigualables; la mujer que con su hija adolescente hace videos Vine (cortos) para corporaciones; la chica milenio que se paga la universidad conduciendo para Uber. Estas son algunas de las mujeres que he conocido en los últimos cuatro años, ellas son las mujeres que se han convertido en empresarias trabajando por su propia cuenta y son mi inspiración para este libro. Estas mujeres están cambiando sus futuros, el de sus familias y las próximas generaciones. El movimiento ¡Adelante! es un llamado a la acción y un salto adelante en la evolución económica de las mujeres. Llegó la hora de elegir ser emprendedoras y autónomas.

Nunca antes habíamos tenido más a nuestro alcance la vida empresarial. La era digital ha revolucionado nuestra capacidad de ponernos en marcha; no necesitamos mucho más que un teléfono inteligente o una computadora. Puedes iniciar un negocio desde tu casa, en pijama. No tienes que dejar tu empleo. ¡Y no tienes que hacerlo sola! Puedes conseguir que tus hijos te ayuden porque ya conocen bien el manejo de las redes sociales (y con el beneficio adicional de que serán menos susceptibles de crecer pensando que se merecen todo). Puedes reclutar a tu marido o a una amiga y combinar recursos y talentos.

Esto es lo que deseo para ti: que vivas una vida rica en todos los sentidos. Rica en dinero, rica en familia, rica en amor, rica en tiempo. ¡Una vida abundante! No se trata sólo de amasar dinero, pero la abundancia empieza con la autonomía económica. Se trata de salir del modo de supervivencia. Se trata de salir de ese estado en el que tienes el derrumbe económico a sólo un problema más de distancia. Se trata de cambiar tu predisposición mental a buscar gratificación instantánea por la de cumplir tus metas y, con el tiempo, poder trabajar porque quieres y no porque tienes que hacerlo. Se trata de poder premiarte a ti misma y a tus hijos con beneficios como la educación, viajes y la propiedad de tu casa. Se trata de poder dormir todas las noches sin preocupaciones.

Nos dicen que el dinero no compra la felicidad ¡y estoy convencida de que eso es absolutamente cierto! Creo que el dinero jamás debería ser un fin en sí mismo. Pero sólo cuando logras tu independencia económica, eres realmente libre. La autonomía no es real sino hasta que cuentas con tu propio dinero. No te estoy pidiendo que dejes tu trabajo y empieces el nuevo restaurante de moda; al menos no enseguida. Pero sí voy a enseñarte a pensar como empresaria y dueña incluso en el empleo que tienes ahora, sea cual sea.

Para empezar a trabajar por tu propia cuenta, sólo necesitas tener un sueño y el deseo y la disciplina para trabajar hacia ese sueño. Hay algo que tengo que decirte: una de mis palabras favoritas es "sacrificio". Te diré que comprar cosas para ser feliz no funciona ni en el corto plazo. Para que puedas volver realidad tus sueños tienes que colocar tu dinero donde pueda crecer. Cuando así lo hagas, podrás pasar a ideas más grandes y sueños aún más grandes.

Ser empresaria es un estado mental, y además es pensar mucho más en grande que en conseguirte un buen empleo o un ascenso, o la oficina con mejor vista. Puedes tener esas cosas y no ser autosuficiente o sentir interiormente que lo eres.

¡ADELANTE!

LA VERDADERA AUTONOMÍA EMPIEZA CUANDO TIENES TU PROPIO DINERO.

.

Cuando piensas como dueña del negocio no te sientes victimizada o decepcionada, porque estás tomando control de tu propia vida y entiendes que nadie más puede hacerlo por ti. Tú eres el capitán de tu nave. Tú eres artífice de tu propio éxito. Eres tú quien determina tu propio valor, no lo determina un hombre, un jefe o una compañía.

La vida me ha enseñado que la única persona que puedo cambiar soy yo. Y cuando te cambias a ti misma y asumes pleno control, cambia la gente que te rodea, porque un aura anclada y segura emana de ti, sin necesidad de decir nada, sin ser agresiva o chocante. Tú envías un mensaje que dice: *Soy una persona completa y realizada y no permitiré que me trates en una forma que no merezco.*

En este libro, quiero enseñarte todo lo que a mí me habría gustado saber cuando era más joven. Compartiré consejos y orientación, salpicados con algunos trucos y secretos. Con la ayuda de algunas mujeres extraordinarias (y de unos cuantos hombres), he creado un sitio web —theadelantemovement.com o adelanteemprendedora.com— que contiene una increíble cantidad de información y recursos que se anticipan y responden a todas tus preguntas, te entregamos las herramientas que necesitas y te ponemos en contacto con organizaciones que prestan ayuda de muchas maneras. Y si he hecho mi trabajo bien, quedarás inspirada para iniciar un negocio o proyecto empresarial propio… ¡ahora mismo!

Mi objetivo personal es que cada una de ustedes llegue a la meta; que creen una vida rica en todos los sentidos, construyan un futuro de seguridad para ustedes y sus familias, y que duerman tranquilamente en las noches.

El académico Joseph Campbell escribió acerca de "el viaje del héroe": una trama clásica en la cual el héroe se embarca en una aventura, afronta la adversidad y difíciles pruebas, las supera, y regresa a casa transformado. Quiero que te des cuenta de que justo aquí, ahora mismo, mientras lees este libro, estás iniciando ese proceso. Estás emprendiendo el viaje de una heroína, una búsqueda para escogerte tú misma, ponerte a prueba, cosechar los premios de tu nueva forma de vida, cambiar tu visión de lo que es posible, hacer tus sueños realidad, y pasar la antorcha a tus hijos y a tu comunidad. Porque una de las mayores recompensas de una vida construida por cuenta propia es ver cómo las chispas de tu revolución personal pueden encender el fuego en otras personas. Cuando te vuelves empresaria, te conviertes en una evangelista de la causa; predicas el mensaje de la independencia y ayudas a otras a llegar allí también. De modo que vamos. Empecemos. La revolución empieza dentro de ti.

—Nely

1.

.

MI HISTORIA.
TU HISTORIA.
NUESTRA
HISTORIA.

CUANDO LLEGUÉ A ESTE PAÍS DESDE CUBA, YO era una niña pequeña y Estados Unidos acababa de pasar por el movimiento feminista de la década de los sesenta. Gloria Steinem, la inspiradora activista y fundadora de la revista *Ms.* fue su emblemática líder. Claro que siendo yo una niña en vías de asimilar una nueva cultura, no era consciente de los dramáticos cambios sociales que estaban teniendo lugar. Todo lo que sabía era que este país le ofrecía a mi familia un sitio seguro para reiniciar nuestra vida; una tierra de oportunidades y de libertad política. Teníamos control sobre nuestro destino y el poder de la autodeterminación. Al igual que las muchas generaciones de inmigrantes que llegaron antes que nosotros, trabajando duro y con sacrificio, podíamos construir una vida mejor. Podíamos votar y tener voz y ser escuchados. Nadie vendría a arrebatarnos nuestro hogar y todo por lo que habíamos trabajado. Desde muy temprana edad aprendí la importancia de ser autosuficiente.

A medida que fui creciendo y recibí una educación, fui aprendiendo más sobre los avances y oportunidades forjadas por feministas pioneras como Steinem; políticas y escritoras y periodistas que inspiraron a tantas mujeres valientes a traspasar barreras y luchar por la igualdad de derechos en su casa y en su sitio de trabajo. No obstante los fuertes valores tradicionales con los que fui criada siendo latina —y las algunas veces anticuadas ideas de lo que una mujer joven debía y no debía hacer— el movimiento feminista tuvo eco en mí a nivel emocional e intelectual. Como inmigrante, comprendía que este era el mejor de los países para las mujeres, lo agradecía profundamente, y deseaba aprovechar al máximo las oportunidades que se me presentaban.

Desde muy joven, por necesidad, asumí responsabilidades de adulta en el seno de mi familia. Mis padres llegaron a los Estados Unidos sin nada —habíamos dejado nuestro hogar y todas nuestras posesiones— y empezamos de nuevo. Como todos los chicos, me adapté mucho más rápidamente que los adultos y entendí que mi deber era ayudar a mis padres en las formas ya familiares para tantos hijos de inmigrantes.

Empecé a trabajar a los trece años de edad —pronto sabrás de mi primera experiencia como empresaria— y por el camino aprendí duras lecciones. Por fortuna, tuve excelentes mentores; ¡aunque hasta el día de hoy hay algunos que ni saben que los considero mis mentores! Los estudié a fondo y emulé los rasgos y técnicas que consideraba habían contribuido decisivamente a sus diferentes versiones del éxito. También aprendí de mis fracasos —que fueron bastantes, créeme— y en ese proceso obtuve muchas lecciones valiosas.

Pasé de asistente sin paga a productora de noticias en televisión, a directora de programación de un canal de televisión. Inicié un negocio de producción de televisión que durante cuatro años fue un fracaso, hasta que lo hice de nuevo (con el buen empujón de un mentor) y finalmente empezó a tener éxito. Me convertí en la primera mujer latina presidente de programación de una cadena de televisión, produje más de setecientos programas en inglés y en español, y aparecí como concursante en el programa *reality* de televisión *The Celebrity Apprentice* con el escandaloso Donald Trump. Trabajé duro cada paso del camino y gané dinero. La clave de mi historia es que aún cuando ya ganaba dinero, seguí sacrificándome, no vivía con lujos y fui invirtiendo mi dinero en bienes raíces. Con el tiempo, los ingresos de mi negocio de bienes raíces me permitieron no tener que seguir trabajando; la renta de esas inversiones me permitía vivir muy cómodamente. Y eso me dio libertad —la libertad para hacer el trabajo que yo quería hacer, no un trabajo que tuviera que hacer— y lo que yo quería era un trabajo que me nutriera creativa, intelectual y espiritualmente en todos los aspectos.

Cuando me di cuenta de que era libre económicamente para dedicarme a lo que yo quisiera, ¡grité y lloré! ¡No podía creerlo! Y entonces caí en cuenta de que tenía algunos asuntos inconclusos que atender. Nunca había terminado la escuela, como muchos inmigrantes me había enfocado en ganar dinero y ayudar a la familia. De modo que volví a estudiar, saqué mi licenciatura y luego estudié cuatro años más para obtener mi título en sicología. Trabajé en mi bagaje emocional. Limpié a fondo la casa que es mi mente. Asumí un montón de cosas de mi patrimonio, mi cultura, mi lado femenino, todo. Esos fueron pasos esenciales en mi camino a sentirme realizada y permitieron que me convirtiera en el tipo de ejemplo a seguir que yo deseaba ser para mi hijo. (Que no puede quejarse de la escuela y las tareas, ¡porque me vio lidiar con ellas a mis cuarenta!)

Una vez que obtuve mi título y la certeza de que mi éxito más significativo provenía de la independencia económica, quise enseñarle eso a otras mujeres. Así que en 2012 inicié mi proyecto sin fines de lucro, el cual bauticé como el movimiento ¡Adelante! (theadelantemovement.com), que incluye eventos en vivo y una plataforma digital de aprendizaje para empoderar a las mujeres latinas y capacitarlas en el emprendimiento. Viajé por todo el país, hablando inicialmente a mis mujeres latinas, grupo que conozco bien, pero con el tiempo fueron presentándose otras, primero mujeres de color y después todo tipo de mujeres. Para mí fue claro que las mujeres buscaban conectarse unas con otras. Ávidas de información, buscaban construir puentes para conectarse con otras mujeres de sus propias comunidades. Entonces supe que todas las mujeres debían saber que la revolución de mujeres emprendedoras iba ya muy avanzada y se estaba fortaleciendo cada vez más.

EL MOVIMIENTO ¡ADELANTE! PARA MUJERES EMPRENDEDORAS ES UNA REVOLUCIÓN

· · · ·

RECIENTEMENTE, GLORIA STEINEM DIJO A UN ENTREVISTADOR, "me habría gustado saber antes lo que sé ahora, que el movimiento feminista es en realidad un movimiento emprendedor". Creo que lo que Steinem quiso decir es que sin la capacidad para estar completas y económicamente seguras en nuestros propios términos, no puede haber libertad ni liberación.

Llevo cuatro años viajando de costa a costa de este país y he conocido a más de 100.000 mujeres. Lo que yo veo es que ahora se está gestando el principio de un cambio verdaderamente revolucionario: estamos en la era de la plena autonomía de las mujeres en la economía del hágalo-usted-mismo.

No hay barreras de entrada. Nos rodean las herramientas para el emprendimiento e independencia inmediata, la mayoría de ellas son sencillas de usar y fáciles de costear. La tecnología, las redes sociales y la descentralizada economía compartida hacen que sea más fácil que nunca iniciar un negocio. Y un nuevo movimiento feminista está surgiendo alrededor de la independencia económica y la propiedad, pues como mujeres sólo alcanzamos la verdadera autonomía cuando somos dueñas de nuestro propio dinero.

Cuatro décadas después de que el movimiento original remeciera la cultura, la crisis económica de 2008 creó una nueva realidad para millones de mujeres al verse obligadas a convertirse en cabezas de familia cuando sus padres y maridos perdieron sus empleos. ¡Estas mujeres tuvieron que pasar al frente! Las mujeres latinas, afroamericanas, asiáticas y originarias del medio oriente que por pura necesidad encabezaron la marcha, conforman el segmento emprendedor de más rápido crecimiento y una tremenda fuerza económica en este país. De todas las mujeres en Estados Unidos, las latinas constituyen el mercado emergente número uno y junto con las mujeres de otras culturas (afroamericanas, asiático-americanas, nativas americanas y las de ascendencia del Medio Oriente) representan el mayor motor de crecimiento en la economía de Estados Unidos. En forma similar, alrededor del mundo, en las naciones BRIC (Brasil, Rusia, India y China) y en países de economías emergentes en África y el Medio Oriente, y, en Latinoamérica, México, Colombia, Argentina, Chile —prontamente Cuba, donde se inventó la palabra "cuentapropista" para referirse a la nueva generación de emprendedores— a pesar de las dificultades impuestas por obstáculos religiosos y políticos, de la dimensión de sus poblaciones y de una competencia abrumadora, las mujeres están surgiendo y convirtiéndose en emprendedoras por amor a sus hijos y familias. Es por estos cambios económicos que hoy las mujeres están unidas en la búsqueda de un nuevo futuro económico que puedan controlar.

Mira a tu alrededor; hay tantos ejemplos inspiradores, mujeres que han perseverado en el viaje a la autonomía iniciado por Steinem, aplicándolo a nuestra vida económica. Sheryl Sandberg, Directora de Operaciones de Facebook, ha encendido la chispa de la idea de "ir adelante", capacitando mujeres para superar las barreras que las mantienen lejos de los roles directivos —o como digo yo, para actuar como dueñas de su carrera profesional —Arianna Huffington, quien después de un divorcio muy publicitado y una campaña política fallida —dos eventos que deprimirían a cualquier mujer— tuvo la idea de crear un blog de noticias colectivo, y recaudó el dinero y lanzó *The Huffington Post*, que poco más de una década después, ahora es un gran e influyente medio de comunicación. También la extraordinaria Suze Orman, quien nos ha hecho conscientes de que nuestras vidas, la emocional y la económica, van ligadas indisolublemente y que no podemos asumir el control de nuestro destino sin antes asumir el control de nuestro dinero.

Recientemente el tema de portada de la revista *Forbes* fueron las mujeres más ricas de Estados Unidos que son empresarias y presentó una serie de mujeres fascinantes, entre ellas Jin Sook Chang, quien emigró a Estados Unidos desde Corea del Sur y se desempeñó en trabajos de diferentes índoles antes de fundar con su esposo la ahora multibillonaria cadena de ropa Forever 21.

También en la cultura pop, algunas de las más exitosas artistas, músicas e intérpretes están pensando como empresarias. Oprah rompió para las mujeres multiculturales la barrera invisible que bloquea el ascenso profesional de mujeres o miembros de minorías étnicas, primero con *The Oprah Winfrey Show*, un monstruo que reinventó la televisión diurna, y luego con su estudio de producción Harpo y después con OWN, su propia red de televisión. Taylor Swift se enfrentó a Apple y la industria de la música para proteger el valor de su trabajo. Bethenny Frankel aprovechó su plataforma de *reality* por televisión para crear la marca Skinnygirl. Jessica Alba convirtió sus preocupaciones por la seguridad de los productos para su bebé en la multimillonaria marca de productos naturales Honest. Y Kris Jenner, la matriarca Kardashian, construyó un imperio alrededor de su familia al monetizar su celebridad a través del *reality* por televisión, las redes sociales y los patrocinios. Andy Cohen, presentador de un programa de entrevistas y productor ejecutivo de la franquicia *Real Housewives*, dice, "Ya nadie quiere actuar solamente. Hoy, todas las mujeres que conozco quieren ser identificadas como mujeres de negocios, como magnates". Un signo de los tiempos en que vivimos.

Para la mayoría de las mujeres, sin embargo, una vida rica no tiene que ver con ser famosa y acaudalada y poderosa per se. Para las mujeres el mejor premio al éxito es la capacidad de devolverle abundancia a toda la gente que aman, en particular a su familia y su comunidad. Nuestra misión es crear una vida mejor para nuestros hijos, darles una mejor educación, tener casa propia, incluso regresar nosotras mismas a las aulas.

La idea del movimiento ¡Adelante! es convertirte en emprendedora en tu mente y en tus acciones. Para las mujeres, es su momento de definición basado en su autonomía económica. Es un movimiento que toca a todo nivel: personal, comunitario, cultural, político. Es incluyente, es de apoyo, es de colaboración. Es emprendimiento para el resto de nosotras.

CONVERTIRSE EN EMPRESARIA ES EL NUEVO TIC-TAC DEL RELOJ INTERIOR

. . . .

EL MOVIMIENTO ¡ADELANTE! LE HABLA A TODA MUJER QUE quiere asumir control de su destino y salir del modo de supervivencia. Es para mujeres que buscan un PLAN B porque saben que mañana podrían ser despedidas de sus empleos corporativos. Es para las que han dedicado su carrera a servir o dirigir entidades sin ánimo de lucro, sin pensar en su propio futuro económico. Es para las que han servido a su país en cargos públicos o militares y miran el porvenir sin saber a ciencia cierta cuál será el próximo capítulo de su vida. Es para aquellas de nosotras seguras de la creatividad y grandeza en nuestro interior, que necesitamos un empujoncito que nos ayude a arrancar. Es para universitarias recién egresadas que, además de cargar con su deuda, se resisten a creer que su educación de alto costo apenas les haya granjeado un empleo de nivel básico. Y para todas aquellas de nosotras que por una u otra razón no hemos podido seguir ese tradicional camino lineal de una carrera —quizá por ser inmigrantes que tuvimos que mantener a nuestras familias, o tal vez hacer malabares con dinero, carrera y crianza de los hijos o encargarnos de padres ancianos. El movimiento ¡Adelante! es para mujeres no expuestas a los obstáculos y exigencias del ascenso en la escala corporativa, porque han estado demasiado ocupadas tratando de cubrir sus gastos mensuales. Y para las que están ascendiendo en esa escala, es un llamado a las armas para cultivar una actitud emprendedora que les ayude a avanzar en su carrera y también les sirva el día en que se desestabilice su industria y se encuentren un día sin empleo.

Me gusta decirle a las mujeres que me escuchan que "ser empresaria es el nuevo tic-tac de nuestro reloj interior". Y no se trata de si tú trabajarás por tu propia cuenta sino de cuándo lo conseguirás. El camino a volverte una emprendedora no es lineal ni de talla única. Será diferente para cada una de ustedes. Algunas lo harán rápidamente y a otras les tomará más tiempo. Parte del trabajo será fácil y otras partes requerirán de mayor concentración y esfuerzo. Algunos cambios se darán de inmediato y habrá otros que requieran paciencia para realizarse. No puedes hacerlo todo a la vez. Pero sí puedes empezar ya mismo.

Este libro es una invitación. Únete a nosotras, únete a este movimiento. Hazlo, aunque te asuste. A todas nos asustó dar ese primer paso. Yo haré lo posible para inspirarte a abrazar el temor, porque sin valentía no hay crecimiento. Te contaré historias de mujeres como tú que tomaron las riendas de sus vidas sin mirar atrás, mujeres que activaron su espíritu emprendedor con resultados que dieron un vuelco a sus vidas. Las mujeres se están agrupando para compartir recursos y colaborar en innumerables formas brillantes, asociándose para iniciar juntas su negocio y echar una mano a la siguiente generación de mujeres emprendedoras que seguirán sus huellas. Esta es tu oportunidad de sumar tu historia a la de ellas.

ANTES DE QUE EMPIECES, unas cuantas preguntas importantes para que reflexiones:

- ¿Qué es lo que realmente quieres de la vida?
- ¿Cuáles son tus metas?
- ¿Quién o qué te ha decepcionado en la vida?
- ¿En qué punto estás atascada?
- ¿Cuál es tu mayor temor acerca del futuro?
- ¿Cuáles son tus sueños más grandes? (¡Sueña en grande!)
- ¿Qué estás esperando?

Te espera un viaje que te cambiará la vida. Toma mi mano. Te ayudaré. Ahora. Aquí. ¡Vamos! ¡Adelante!

2.

—

SI HUBIESE SABIDO ENTONCES LO QUE SÉ AHORA... PERO ¡ESPERA! ¡AHORA SÍ LO SÉ!

•

LECCIONES QUE HE APRENDIDO EN EL CAMINO A MI VIDA EMPRESARIAL

El príncipe azul no existe

UNA DE MIS MANERAS FAVORITAS DE DARME GUS-
to es pasar una hora en Drybar, franquicia fundada por la
muy conocedora empresaria Alli Webb. Los Drybar son para
las mujeres lo mismo que los bares deportivos son para los
hombres: un sitio para relajarse, salvo que en un Drybar te
secan y te peinan el cabello y sales de ahí luciendo preciosa.
Pero al igual que un bar deportivo, es una experiencia comunitaria; algunas mujeres la disfrutan juntas y piden sus citas
a la misma hora. En las pantallas planas de televisión pasan
películas románticas en silencio (hay subtítulos, pero, a decir
verdad, casi sobran las palabras), y a todas las mujeres las están peinando mientras charlan a gritos en medio del zumbido
de los secadores. ¿Qué podría ser mejor? Así que imagíname,
sentada en las sillas amarillo limón del salón mientras un estilista me arregla el cabello, con lágrimas corriendo por mis
mejillas y disfrutando una buena llorada. No falla, apenas la
película llega a la parte en que el muchacho corre por el aeropuerto para alcanzar a la chica y declararle su amor eterno,
yo me echo a llorar. Me pasa siempre, aún sin sonido. No
puedo evitarlo.

Tengo un amigo libretista que se gana la vida escribiendo
estos guiones románticos. Y él me dijo, "Conoces esos finales
en los que el tipo corre por el aeropuerto y encuentra a la
chica segundos antes de que aborde el avión, y después viven
felices por siempre jamás. ¿Sabes qué? Ningún tipo real haría

eso nunca. Escribo esas escenas porque sé que eso es lo que las mujeres quieren ver. Es la fantasía de toda mujer".

Pero aun sabiéndolo, lloro igual. Es como si por ser mujer tuviera en mí algún código que me hace querer creer en la fantasía —que el Príncipe Azul (o Matthew McConaughey) está dispuesto a ir hasta los confines de la tierra (o del aeropuerto) para lanzarse y rescatarme. No importa que yo sea una exitosa mujer independiente; admito francamente que hay una parte de mí que responde a esa fantasía del Príncipe Azul. Sé que es un cliché, pero es cierto. No puedo evitarlo.

¿Por qué estamos hablando del Príncipe Azul en un libro sobre emprendimiento e independencia económica? Porque lo que he confesado arriba no me pasa solo a mí. En mis viajes por todo el país las mujeres que he conocido, de todas las edades y orígenes, me cuentan alguna versión de esta fantasía. Suena cursi y anticuado, pero el príncipe azul viene en muchas versiones modernas. Tal vez el Príncipe Azul es un hombre que resuelve todos tus problemas. Pero también podría ser el empleo que has soñado o un gran jefe que —¡finalmente!— reconoce tu potencial de estrella. Sea cual sea la forma que adopte la fantasía, representa una lección que nos enseñaron desde la niñez: que si somos niñas buenas y trabajamos duro, alguien va a reconocer lo maravillosas que somos y todo saldrá bien. Ese hombre o mujer o situación llegará y nos llevará a la vida que siempre hemos deseado.

Como alguien todavía emocionalmente susceptible al encanto de esta fantasía, te diré lo peligrosa que es. Si nos apoyamos en alguien más para hacer realidad nuestros sueños, en realidad estamos renunciando a ellos. Al esperar a que una persona, o una situación, o algo externo te haga feliz y te entregue la vida que deseas, renuncias a tu poder personal. Y te quedarás esperando y reviviendo ese patrón de comportamiento una y otra vez en sus diversas formas.

La fantasía del Príncipe Azul no sólo se presenta en relaciones románticas o profesionales. Puede entrar en juego con nuestros padres y hasta con nuestros hijos. Las mujeres que se creen esta fantasía generan expectativas que no han de cumplirse por parte de sus parejas, de sus padres y de sus hijos. Y acaban resentidas, decepcionadas y paralizadas; incapaces de avanzar. Cuando estamos atrapadas en este modelo, consciente o inconscientemente culpamos a otros de nuestra incapacidad para tomar acción. Culpamos al hombre que nos hace daño, al jefe que no nos aprecia o no nos da el ascenso que merecemos, al hijo que se fue de casa y casi nunca se reporta, o a nuestros padres que no nos dieron lo que necesitamos cuando estábamos creciendo. Siempre hay alguien atravesado en el camino de nuestro mejor futuro, alguien de quien esperábamos algo que nunca se materializó.

Nuestros resentimientos nos hacen comportarnos como víctimas. Pero si queremos empoderarnos, debemos dejar de buscar excusas. Debemos dejar de culpar a quienes nos rodean. Debemos tomar acción en lugar esperar a que alguien nos rescate. ¿Alguna vez has conocido a una persona que esté esperando una gran herencia? ¿O alguien segura de que se hará rica comprando la lotería cada semana? ¿Son felices esas personas? ¿Están haciendo grandes cosas? Es muy poco probable. Porque cuando una persona vive de esa manera, su día a día se convierte en un patrón de espera, aguardando que alguien le ofrezca en bandeja el trabajo de su vida en lugar de buscárselo por sí misma. Y acaban atascadas y deprimidas, preguntándose cuánto habrían podido lograr si tan sólo hubieran sido capaces de tomar acción.

¡ADELANTE!

SI NOS APOYAMOS EN ALGUIEN MÁS PARA HACER REALIDAD NUESTROS SUEÑOS EN REALIDAD ESTAMOS RENUNCIANDO A ESOS SUEÑOS.

TENEMOS QUE MATAR AL PRÍNCIPE AZUL. TENEMOS QUE MATAR LA FANTASÍA PORQUE NOS IMPIDE CRECER

····

TAL VEZ TE SORPRENDA SABER QUE PASÉ MUCHOS AÑOS esperando al Príncipe Azul. Estaba abriéndome paso como productora de televisión y tenía todas las características de una profesional joven con un futuro exitoso. Las revistas me destacaban como alguien "para no perder de vista", una poderosa latina joven que parecía tenerlo todo: su propia compañía, mentores influyentes y voz propia en la industria del entretenimiento, una industria hasta entonces predominantemente masculina. Había fotos mías luciendo ropa linda y conduciendo un auto deportivo, posando con mucha seguridad. Muchas personas habrían dicho que lo tenía todo, pero yo no lo creía así, porque no tenía al hombre perfecto en mi vida. Crecí viendo telenovelas cuyo tema siempre era el de mujeres que esperaban a un hombre perfecto que las eligiera. No estoy buscando excusas, pero hay que ver que estos programas son un reflejo de la cultura en la que fui criada. Para mis tradicionales padres latinos, mi éxito profesional no compensaba el hecho de que me faltaba un marido e hijos. Yo misma consideraba mi vida personal un fracaso, y ese sentimiento empezó a permear otros aspectos de mi vida. No obstante todo lo que había logrado, seguía buscando que alguien más confirmara mi valía.

Para deshacernos de una creencia y dejarla atrás, a veces hay que tocar fondo. Y el catalizador que destruye una fantasía para que surja una nueva manera de pensar, puede ser un momento terriblemente doloroso. Eso fue lo que ocurrió conmigo. En mis veinte y al principio de mis treinta, salí con un montón de hombres que no eran los indicados para mí. También salí con otros tantos maravillosos, pero siempre rompía con los maravillosos antes de que ellos tuvieran oportunidad de romper conmigo; un impulso, ahora lo veo, que provenía de mis propios sentimientos de insuficiencia. Un patrón de comportamiento de "no puedes despedirme, yo te dejo primero". Ninguna de mis relaciones románticas duraba mucho. Hasta que me enamoré locamente de un latino exitoso que era además un artista reconocido. Yo misma tenía una excelente carrera, pero de alguna manera, durante toda nuestra relación, mi carrera siempre estuvo en segundo plano. Me decía a mí misma que había encontrado al hombre perfecto, y eso para mí era más importante que todo lo que yo había conseguido. Estuvimos juntos unos diez años y con el tiempo, quedé embarazada y nació mi hijo. Pero poco después tuve que afrontar el hecho de que teníamos algunas profundas diferencias irreconciliables sobre valores fundamentales. Sin embargo, el día en que se fue, mi desolación fue absoluta. Tenía treinta y tantos años, era una mujer hecha y derecha que había dirigido la programación de una cadena de televisión, y recuerdo claramente haber pensado: "¡Se suponía que éste era el hombre mis sueños! ¡Y ahora soy una madre soltera! ¿Cómo me sucedió esto?". Hasta ahí había llegado la fantasía de mi familia latina perfecta. Y me culpaba a mí misma por haber permitido que eso me ocurriera. No podía dejar de pensar que estaba condenada a vivir sola por siempre, porque en mi cultura, las madres solteras no son objeto del respeto que merecen.

Me hundí en una depresión postparto. No podía ver ni las cosas buenas de mi vida ni las bendiciones; sólo veía oscuridad. Una amiga americana, Karen, vino a visitarme y me encontró aterrada.

—¿Qué va a ser de mí? —le pregunté—. ¿Cómo voy a criar sola a mi hijo? ¿Y cómo voy a cuidar de él?

Karen quedó perpleja, pero reaccionó y dijo ¡que me dejara de eso! Me sentó y me recordó todos mis logros, todas mis buenas decisiones y todos los apuros económicos que había superado hasta entonces. Se tomó el tiempo de revisar mis finanzas y mostrarme en cifras todo lo que yo había ganado y ahorrado gracias a mi propio esfuerzo y mi trabajo. Entonces sonrió y dijo:

—¡Mira lo que has hecho! Eres perfectamente capaz. ¡Mira cuánto dinero has ganado! ¡Fíjate cómo lo has ahorrado e invertido! ¡El verdadero Príncipe Azul eres tú!

Y en ese preciso instante, finalmente pude verlo yo misma. Había estado buscando realizarme como persona, en el lugar equivocado. No necesitaba que nadie me rescatara. Yo era mi propio Príncipe Azul. Ese momento de lucidez provocó un vuelco total en mi vida. Me obligó a mirar dentro de mí, a ver todo lo que yo había creado y lo que todavía me faltaba por crear simplemente en virtud de mi propia fuerza, de mis habilidades, de mi energía y determinación. Mientras anduve a la caza del Príncipe Azul buscaba emociones, pero en realidad no estaba viviendo el presente ni planeando para el futuro. Buscaba a alguien que se encargara de mí y me hiciera sentir completa, en lugar de buscar todo eso en mí misma y tener el valor de perseguir mis sueños. Me tomó bastante tiempo caer en cuenta de que es ahí donde se encuentra la verdadera felicidad.

Te cuento esta historia porque quiero que sepas que tú también puedes llegar ahí, sin importar lo difícil que parezca tu actual situación. Puedes salirte de esa manera de pensar y de tu atasque. ¡Tú puedes ser tu propio Príncipe Azul!

EL PRÍNCIPE AZUL MATA
CUALQUIER RELACIÓN

• • • •

CUANDO CONVIERTES TU INTERÉS AMOROSO EN EL INSTRUMENTO de tu salvación personal, lo llevas al fracaso y te llevas a ti misma a la decepción. Tu pareja es un ser humano, no un extraterrestre que puede leer la mente y está ahí para volverlo todo mejor. ¿Quieres saber la verdad? Ninguna relación romántica es incondicional. Lo más cerca que llegamos a estar de un amor incondicional es con nuestros hijos. Así que si nuestra pareja nos lastima, nos maltrata, nos engaña o se juega nuestro dinero, necesitamos tener opciones. Nadie quiere imaginar siquiera que su relación termine (y menos aún que termine mal), pero el hecho es que sí se puede acabar y se acaba. Por consiguiente, debes pensar en cultivar tu propio dinero y construir una vida y una carrera propia, aún si tienes una relación que esperas que dure por siempre.

Todas sabemos que el final de una relación puede ser terriblemente doloroso. Pero es mucho menos doloroso cuando se tiene una carrera profesional y dinero en el banco. Lidiar con el fin de una relación si no tienes ni idea de qué vas a hacer para sostenerte no es una situación en la que quieras verte.

Vivimos en una época de relaciones de pareja igualitarias, en la cual hombres y mujeres pueden compartir responsabilidades de hogar y trabajo. Cada vez son más las madres que trabajan y mayor el número de padres que se quedan en casa. Tenemos ejemplos tan destacados como los de Hillary Clinton y Sonia Sotomayor en la política y la vida pública. Siguen creciendo las filas de las mujeres que sostienen a sus familias y son incontables las mujeres que están abriendo caminos en el campo de su actividad profesional. Hay más oportunidades económicas y empresariales para las mujeres que nunca antes, y vivimos en el país que es modelo en el mundo entero en cuanto a derechos de la mujer. No hay razón para aferrarnos a una fantasía obsoleta. Podemos convertirnos en socias igualitarias de nuestras parejas y seguir siendo autónomas. No son conceptos mutuamente excluyentes.

TU JEFE NO ES TU HÉROE

....

HE CONVERTIDO A MUCHOS JEFES MÍOS EN MI PRÍNCIPES AZULES idolatrándolos, admirándolos y hasta haciéndoles el trabajo. Lo hacía porque buscaba su reconocimiento y aprobación. Pensaba que esa era la forma de salir adelante. Pero estaba equivocada. A veces me enojaba lo suficiente para decir: "¿Me estás dejando con todo este trabajo por hacer en el fin de semana y tú te vas de viaje?". Entonces mi jefe sabiamente neutralizaba mi rabia diciendo, "Es que eres tan inteligente. Tu trabajo es perfecto. ¿Qué haría yo sin ti?". Y por un tiempo, eso fue suficiente para mí.

Operaba entonces bajo el tácito y equivocado supuesto de que si hacía sentir a mi jefe que él no podía vivir sin mí, sería recompensada. Mi pensamiento era algo así como: "Si yo hago esto por ti, tú vas a cuidar de mí". Pensaba que ni siquiera tendría que pedir lo que quería. Sería tan apreciada que me premiarían con un gran ascenso. Después de todo, me había vuelto indispensable. Pero cuando las cosas no salían según el plan imaginado, me decepcionaba y nacía en mí un gran resentimiento. En realidad esa dinámica del poder era similar a la de una relación romántica. Cuando en una relación caes en el patrón de buscar aprobación, cedes tu poder y tu sentido de identidad propia. La forma de superar esta dinámica es entender que aunque te veas impulsada a trabajar duro y hacer un excelente trabajo para tu jefe, también debes tener claras tus expectativas y responsabilizarte de tus éxitos.

Y en el momento apropiado, debes decirle a tu jefe lo que quieres. Si la respuesta no es la que deseabas oír, debes empezar a planear tu próxima movida. Y aunque la respuesta sea alentadora, no cometas el error de considerar a tu jefe como un salvador. Es malo para ambos.

Hasta que inicié mi propio negocio y me convertí en jefe, yo me mantuve en un círculo vicioso de esperar mucho de los que me rodeaban; así que invariablemente acababa defraudada y presa de una abyecta decepción. Entonces culpaba a otros, hasta que me di cuenta de que en todas mis relaciones decepcionantes el común denominador ¡era yo! Entendí que el jefe es humano. Que los colegas tienen sus propios problemas que lidiar y tienen su propio jefe o inversionista o cliente ante quien responder. Los jefes no están ahí para salvarte o ayudarte a resolver tus problemas, inseguridades o temores. Ellos necesitan que hagas tu trabajo y que lo hagas bien. Ellos serán un modelo de comportamiento para ti, bueno o malo, y de eso debes aprender; es parte de tu trabajo. También es parte de tu trabajo pedir lo que quieres. Y es responsabilidad tuya hacer lo que necesites hacer para crecer y prosperar y pasar al siguiente nivel. Tu jefe no puede hacer que eso suceda por ti.

NO TE ENAMORES DE UNA COMPAÑÍA

....

HE TRABAJADO PARA ALGUNAS COMPAÑÍAS TAN ATRACTIVAS COMO Sony, HBO y Fox. Ahora mucha gente sueña con empleos en compañías extraordinarias como Apple, Google y Amazon. Pero no cometas el error de enamorarte de tu compañía y convertirla en tu Príncipe Azul, porque bajo la luz cegadora del prestigio de la Corporación X puedes perder de vista tu propio valor y tus propias necesidades. Muchas amigas que lamentablemente se encontraron en esa situación, fueron despedidas y reemplazadas por chicas de un "modelo" más joven y barato, después de haberle dedicado toda su carrera a una sola compañía. Para esas amigas mías, la corporación simplemente se convirtió en otra versión del hombre al que debían complacer cada día. ¡No permitas que te ocurra algo así!

Cuando se trabaja para una compañía muy reconocida, es fácil que nos absorba. Aprendí esa lección cuando fui presidenta de programación de la cadena Telemundo, entonces copropiedad de Sony. Estando en Telemundo, constantemente recibía obsequios, flores e invitaciones y todo era increíblemente seductor. ¡Vivía seducida por mi propio trabajo! Pero tan pronto salí de ese empleo y empecé a trabajar por mi cuenta sin la marca de Sony, todo lo que me quedó fue mi propia marca. De la noche a la mañana cesaron las flores y los obsequios y las invitaciones. Sin el respaldo de la gran marca, yo estaba por mi cuenta, respondiendo por mis propias oportunidades y fracasos. Sin una gran corporación para escudarme, tuve que construir mi propia marca personal. Fue un doloroso regreso a la realidad, pero me alegra haberlo experimentado. Trabajar en una corporación puede enseñarte mucho, pero es como casarte con la realeza: cuando se acaba, te quitan el título y vuelves a casa otra vez plebeya.

Hace poco le hablé a un grupo de altas ejecutivas de una corporación muy grande. En la audiencia había tres presidentas, todas ellas líderes extremadamente talentosas y capaces. Y me pregunté, ¿estas mujeres estarán pensando empresarialmente en su futuro? ¿O estaban cayendo en la trampa de creer que su fabulosa compañía era el Príncipe Azul? De hecho, muchas corporaciones ofrecen atractivas opciones de compra de acciones, y esas acciones pueden acabar produciéndote mucho dinero. Sin embargo, si trabajas en el mundo corporativo, no puedes poner todos tus huevos en la misma canasta. El entorno laboral está cambiando y ya no es seguro suponer que trabajarás veinte o treinta años para la misma compañía. Si tienes un empleo corporativo, voy a pedirte que actives tu modo de pensar empresarial para tener un negocio secundario propio. No te estoy diciendo que le hagas trampa a tu compañía. Sólo te estoy pidiendo que empieces a ser propietaria de algo por tu cuenta. Esto no significa que no debas poner todo tu potencial al servicio de tu trabajo. De hecho, aprender a pensar como propietaria en tu empleo actual es un entrenamiento excelente para tu futuro negocio, un punto sobre el cual me extenderé más adelante.

NO HAGAS DE TU HIJO TU PRÍNCIPE O PRINCESA

. . . .

EL AMOR ENTRE PADRES E HIJOS ES HERMOSO. CONOZCO A MUCHOS progenitores, especialmente madres solteras, que trabajan muy duro para darle todo a sus hijos y les cuesta dejarlos volar. Puedo entender lo que les pasa a esos padres. Mi hijo tiene dieciséis años y ya me aterra el día en que se marche a la universidad. Pero debemos tener cuidado. Los hijos de emigrantes a menudo crecen resolviendo problemas y traduciendo para sus familias. Luego esos padres esperan que sus hijos se queden con ellos y los cuiden, ya sea emocional o físicamente, en lugar de vivir sus propias vidas. Cuando echas al hombro de tus hijos este tipo de carga, no les estás permitiendo florecer plenamente, y con el tiempo crearás tanta culpa que su amor se convertirá en deber. Esta dinámica no es sana y puede crear un ciclo de disfunción hasta en generaciones futuras. La misma dinámica puede darse cuando los hijos se tornan demasiado dependientes de uno de sus progenitores, lo cual les impide desarrollar y crear sus propias vidas.

FELICES POR SIEMPRE

· · · ·

AQUÍ HAY UN FINAL MUY FELIZ. MATA LA FANTASÍA, PERO VUÉLvete tu propio Príncipe Azul. Todo lo que necesitas para lograrlo está dentro de ti. Tú puedes empujarte. Puedes enorgullecerte. Puedes perdonarte errores pasados y puedes ser independiente económicamente y tener tus propios sueños. Esto no significa que estés destinada a estar sola. No significa que debas romper con tu novio o dejar a tu esposo. Como seres humanos, existimos relacionándonos. ¡Necesitamos de otras personas!

Años después del demoledor rompimiento con el padre de mi hijo, apareció en mi vida un amigo interesado en mí y en ayudarme a criar a mi hijo. Al principio me resistí a sus propuestas; él era demasiado agradable, demasiado normal, y yo estaba acostumbrada al drama. Pero gracias a Dios había matado la fantasía del Príncipe Azul y estaba lista para ser parte de una relación entre adultos. Brian y yo hemos estado juntos once años. Cuando las personas lo conocen y ven lo amable que es, me dicen, "Eres tan afortunada por haberlo encontrado". Como si me hubiera ganado la lotería. A lo cual respondo, "Bueno, él es maravilloso, pero para decirte la verdad, ¡ambos tuvimos suerte! Cuando nos conocimos yo ya era mi propio Príncipe Azul. Había ido a terapia. Había hecho dinero y lo había invertido. Era un pastel horneado". Encontrar una gran pareja es más fácil cuando eres una persona completa e independiente. La nuestra era la unión de dos personas adultas que habían hecho su propio trabajo interior y se comprometieron a trabajar por una relación un día a la vez. Aquí no hay ninguna fantasía de Príncipe Azul.

Una vez hayas eliminado la fantasía, las expectativas que tienes de tus relaciones van a cambiar, porque ahora sabes que puedes contar contigo misma ciento por ciento del tiempo, de modo que tus relaciones ya se vuelven la cereza del pastel. Solo tú tienes la capacidad de hacerte sentir completa a ti misma. Cuando te liberas de la idea de que necesitas a otra persona para que todo esté bien, tú te conviertes en todo lo que antes querías recibir de alguien más.

Todas tenemos momentos de duda. Sentir miedo es apenas humano, no importa quién seas o en qué punto del camino estés. La fantasía del rescate es pertinaz y recurrente; volvemos a nuestro viejo modo de victimización y celos. Queremos renunciar. Pero debemos hablarnos a nosotras mismas y reconocer nuestros propios méritos. *Eso no es fácil. Pero vale la pena.* La plena consciencia te traerá de regreso. Por eso es que predico que esto de trabajar por cuenta propia es un ejercicio diario.

Esto es el principio de todo. Este es el cambio interno que necesitamos realizar para tomar el camino a ser emprendedoras. Una vez que cambias tu modo de pensar y adoptas el de empresaria, la parada siguiente es el dinero. No porque el dinero sea lo único que importa en la vida, sino porque la autonomía y la independencia económicas te anclan en el mundo y marcan la pauta de la forma en que vas a permitir que te traten, de la forma en que vas a ir por el mundo, de la forma en que vas a encontrar tu autonomía y de la forma en que esa autonomía te ayudará a lidiar con cualquier obstáculo que surja en tu camino.

ejercicio

EJERCICIO:

¿Estás esperando a que te rescaten?

Piensa en los lugares de tu vida en los que la fantasía del Príncipe Azul puede estar en acción:

o   Tu pareja romántica

o   Tu jefe

o   Tu compañía/institución/escuela

o   El gobierno/ejército

o   Tus padres

o   Tus hijos

Pregúntate lo siguiente:

o   ¿Cuáles de tus expectativas no se han cumplido?

o   ¿Qué resentimientos guardas?

o   ¿Qué atributos poseen ciertas personas o instituciones que te hagan sentir que ellas pueden salvarte?

ejercicio

- o ¿Puedes cultivar esos atributos dentro de ti misma y apropiarte de ellos?

- o ¿Qué necesitas para asumir tú misma la responsabilidad de tu propia felicidad?

- o ¿Estás dispuesta a cambiar tu relación con tu Príncipe Azul —sea lo que sea o quienquiera que sea— para volverte una empresaria?

Tal vez te ayude escribir tus respuestas a estas preguntas y cualquier pensamiento provocado por los ejercicios de este libro, en un diario o cuaderno especial. Yo encuentro que escribir mis experiencias me ayuda a procesarlas y en general desarrolla mi consciencia de mí misma. No te cohíbas: nadie está calificándote; este es un acto privado. No te preocupes de que la redacción sea perfecta. Sólo sé honesta contigo misma o tan honesta como puedas serlo en ese momento. Más adelante, podrás mirar atrás y quizá te encuentres con percepciones distintas desde la perspectiva que has adquirido.

Piensa como inmigrante

LOS INMIGRANTES SON EMPRENDEDORES POR naturaleza, y hay mucho que aprender de ellos. ¿Sabías que en Estados Unidos la mayoría de los empresarios son inmigrantes de primera generación? En 2010, más del 40 por ciento de las 500 compañías de la lista de la revista *Fortune* fueron fundadas por inmigrantes o por hijos de inmigrantes. Aunque conforman el 13 por ciento de la población estadounidense, los inmigrantes son responsables de una cuarta parte del total de nuevas empresas. Una investigación realizada por EthniFacts muestra que en los Estados Unidos los inmigrantes sistemáticamente sobrepasan al resto de la población en optimismo y aspiraciones de reinventarse a sí mismos a través de trabajo duro y emprendimiento.

Por necesidad, ellos comprenden la mentalidad empresarial, que también es una forma de afrontar los inevitables altibajos de la vida.

La verdad es que en nuestras vidas sucederán cosas malas. Queremos negarlo. Queremos proteger a nuestros hijos de ellas. Queremos creer que nuestros hijos no van a sentir jamás el dolor del fracaso o la lucha. Pensamos que de alguna manera podremos evitarlo, lo que de hecho es absurdo. Inevitablemente experimentaremos reveses y fracasos, y cuanto más preparadas estemos para ellos, mejor nos irá. Y es en este punto en el que los inmigrantes llevan ventaja. A menudo la verdadera razón por la cual emigraron fue una experiencia traumática o demoledora que en su país nadie esperaba. Tal vez fracasó la economía del país, o el sistema bancario era corrupto y perdieron hasta sus ahorros. En mi caso, la revolución comunista en Cuba significó que mi familia salió tan rápido como pudo, con sólo la ropa que llevábamos puesta. Tuvimos que dejar todo atrás. ¿Puedes imaginarte ese nivel de dolor?

En los Estados Unidos, tendemos a vivir con este tipo de idea ilógica de que siempre cuidarán de nosotros y al final todo va a estar bien. Pero entonces sucede lo inesperado. Tal vez sea un desastre natural que destruye tu hogar, o un problema de salud que consume tus recursos, o que tu compañía se reduce y pierdes tu empleo. No podemos evitar que esas cosas ocurran, pero sí podemos aminorar el daño estando preparados económicamente. Eso no significa que no vaya a ser terriblemente duro lidiar con estos inconvenientes. Pero mucho más duro es perder tu casa si no tienes seguro. Y mucho más duro es perder tu trabajo cuando no tienes dinero guardado en alguna parte para cuando vienen las épocas difíciles. Y también es mucho más duro experimentar el dolor de un divorcio cuando no has trabajado ni un día de tu vida y dependes económicamente de tu cónyuge.

Los inmigrantes suelen ser muy realistas. Tienden a ser más resistentes y determinados a recuperarse de los reveses, así como a hacer mucho con poco, porque entienden que la incertidumbre es parte de la vida. Por eso te digo que debes dejar de pensar en modo supervivencia. El modo supervivencia significa que estás viviendo de un cheque de pago al próximo cheque de pago o, aún peor, viviendo del cheque de pago de otra persona. Entonces, si ocurre algo catastrófico en tu vida, te encuentras indefensa, sin esperanzas. Quizás hasta sin casa. No esperes hasta que un momento catastrófico en tu vida te obligue a enfrentar a la realidad poniendo en jaque tu pensamiento mágico.

Thomas Friedman, escritor y columnista de *The New York Times* y tres veces ganador del Premio Pulitzer, en su libro de 2011, *That Used to Be Us* [Así éramos nosotros], insta a los americanos a retomar su espíritu de inmigrantes y a revivir como faro de guía los valores y actitudes de los inmigrantes. Cuando aplicamos esa mentalidad, podemos hacer grandes cosas.

LA VENDEDORA DE AVON MÁS JOVEN DEL MUNDO

· · · ·

EL CAMINO A LA INDEPENDENCIA ES DIFERENTE PARA CADA MUJER. En mi caso, el viaje empezó a una edad muy temprana. Mi familia llegó de Cuba a los Estados Unidos cuando yo tenía cinco años y mi hermano, tres. En 1959, Fidel Castro y sus rebeldes derrocaron al gobierno e instauraron un régimen comunista. Se privatizó la propiedad privada, aquellos leales al régimen anterior fueron juzgados y encarcelados, y se implantaron políticas socialistas por la fuerza. De repente quedamos viviendo bajo una dictadura militar. En los años sesenta, cientos de miles de cubanos huyeron a los Estados Unidos en busca de libertad política y económica. Entre ellos estaban mis padres, quienes habían perdido todo por lo que tanto habían trabajado para construir: su hogar, sus posesiones, todo debió ser entregado al gobierno.

Mis padres estaban en sus treinta cuando llegaron a este país. Tuvieron que aprender un nuevo idioma y crear nuevas identidades para sí mismos. Tuvieron que reconstruir sus vidas. Fue un reinicio total para ellos. Trabajaron humilde-mente en absolutamente todo y lucharon para lograr que el dinero les rindiera. Mi papá, que en Cuba había sido dueño de negocios, aquí pintó carros en la línea de ensamblaje en la Ford Motors. Mi mamá tenía un título universitario, pero aquí se empleó como costurera. Para ganar dinero extra, ella hacía trajes de novia en casa y cuidaba a todos los chicos del vecindario. Mis padres, por ejemplo, nos inculcaron una éti-ca de trabajo duro, disciplina, humildad y gratitud. Jamás se quejaron de lo que les había sucedido. Amaron su nuevo país, y a mi hermano y a mí nos enseñaron a amarlo y a agradecer cada día por estar aquí.

Nos establecimos en Teaneck, New Jersey, una comuni-dad predominantemente judía y afroamericana en la cual éramos la única familia latina de nuestra cuadra. Nos esfor-zábamos por hacer rendir el dinero. Pronto me di cuenta de que mis padres necesitaban mi ayuda —con el nuevo idioma que estaban aprendiendo, por decir algo— y que yo debía ser autosuficiente. Para los hijos de inmigrantes es común cre-cer con un sentimiento de responsabilidad por sus padres y desear ayudarles. Pero en mi primer año de secundaria, algo en mí empezó a cambiar; un cambio hacia una versión de mí misma más valiente y desenvuelta. Yo era una buena estu-diante en una escuela católica sólo para niñas. Una noche, cuando ellos creían que yo dormía, los escuché hablando de lo difícil que estaba su situación económica.

Ay Dios. En mi mente de trece años, pensé: "Yo tengo que ayudar a mi familia". Más tarde, me di cuenta de que tal vez estaba sacando conclusiones precipitadas —la situación no era tan desesperada— pero en mi cabeza entendí que necesitaba hacer algo para ayudar a mis padres porque si alguna cosa ha-bía tenido clara siempre es que estábamos juntos en esto. Los hijos de inmigrantes entendemos las dificultades de nuestros padres que han sacrificado todo por nosotros.

Pensé en la dulce anciana que vivía más abajo, en la misma calle de nosotros. Ella era una vendedora de Avon y vendía maquillaje puerta a puerta. Una vez me había preguntado si yo querría vender productos Avon en mi escuela. En pago, me ofrecía lápices labiales, sombras para los ojos y rubor, gratis. Era una oferta tentadora, pero sabía que las monjas jamás lo aceptarían. Sin embargo, esa noche se me ocurrió algo diferente. Supe lo que tenía que hacer. Al día siguiente fui a verla.

—¿Recuerda que usted quería saber si deseaba vender Avon? —le pregunté—. Me encantaría hacerlo, pero quiero un trato mejor. Debe ser cincuenta-cincuenta.

¿De dónde saqué eso? Debo haberlo visto en un programa de televisión. "Cincuenta-cincuenta" sonó como una conversación de negocios entre adultos. ¡Y ella accedió! Me tomó bajo su ala y me convertí en su subagente. Empecé a venderles Avon a las chicas de la escuela y sus mamás. Se corrió la voz y todo el mundo quería mis productos. ¡Fue mi primera incursión en el mercadeo persona a persona!

Esa fue mi primera lección de autonomía económica. Tenía un problema y encontré la manera de resolverlo pensando como empresaria. Aunque aún no sabía cómo llamarlo, experimenté como una oleada ese sentimiento de logro y de júbilo que provenían de haber hecho algo por mí misma, para mí misma, que además ayudaba a mi familia. Fue una semilla de autosuficiencia que empezó a crecer en mí, un destello de lo que era posible lograr con solo usar los talentos y recursos de que disponía.

ÁBRETE CAMINO AL ÉXITO

· · · ·

QUIERO QUE TE APROPIES DE LA ACTITUD Y VALORES DE LOS inmigrantes —la mentalidad del esfuerzo propio— y aplícala en tu propia cruzada para volverte una empresaria. Te prometo que en una generación, podremos reescribir la historia de nuestras familias y estableceremos abundancia. Aquí está, condensado, el enfoque del inmigrante:

- Vives en el mejor lugar del mundo para las mujeres y los negocios. Agradécelo.
- Está dispuesta a empezar desde abajo y escalar poco a poco hasta la cima.
- Deja de creer que te mereces todo. No te sirve de nada.
- Tú y tu familia están en esto juntos. Trabajen como un equipo.
- Empieza temprano y sal tarde, en todo lo que hagas.
- Sé humilde, pronta, dispuesta y capaz de trabajar y hacer dinero. Cada camino tiene una lección de negocios que enseñarte.
- El emprendimiento requiere de pasión y aguante. Recuerda, te estás capacitando para ser una propietaria.
- Empieza con tu propia comunidad. Busca personas que estén desatendidas y véndeles a ellas primero.
- Sal del modo supervivencia. Prepárate para lo que sea que te lance la vida, trabajando hacia la meta de un futuro seguro: hoy.

Quiero ayudarte a canalizar el espíritu de inmigrante, sea cual sea tu procedencia, ¡para que consigas cosas grandes! Quiero enseñarte a pensar como empresaria. Quiero ayudarte a encontrar en ti la semilla de la autosuficiencia, donde sea que esté, y que la cultives. Quiero que conozcas la paz y la seguridad que trae la independencia económica.

CÓMO PREPARARTE PARA LAS COSAS QUE ESCAPAN DE TU CONTROL

. . . .

LO INESPERADO SUCEDE; ES UN HECHO. Y CUANDO SE TRATA DE algo que se nos sale de las manos, que escapa a nuestro control, nos sentimos particularmente vulnerables y asustadas. Nos entristecemos, nos sentimos victimizadas, y debemos hacer nuestro duelo, todo lo cual es comprensible. Sin embargo, es importante recordar cuánto de la vida está en nuestras manos. Podemos escoger no ser observadores y no ver la vida pasar desde lejos. Podemos ser actores que realizamos cambios en nuestras vidas y en las de quienes nos rodean.

Vivir la mejor vida que podamos tener es la única manera de prepararnos para lo inesperado. Debemos vivir la vida que deseamos, cada día. Pero eso no va a suceder, así simplemente; debemos tomar acción. Tenemos que dar los pasos (así sean de bebé) hacia la vida que queremos y la realidad que soñamos, porque el tiempo va corriendo.

¿Qué es eso que has querido hacer pero sigues y sigues dejando para después? ¿Volver a estudiar? El tiempo pasa rápidamente, aún si empiezas despacio —tomando cursos en línea o asistiendo a la escuela nocturna— acabarás antes de darte cuenta. ¿Empezar esa dieta? Brutal; lo sé por experiencia propia. Tómalo con calma y pierde media libra por semana; ¡aunque sea un cuarto de libra! En un año, eso suma. ¡Empieza un negocio! Aún si es una hora a la semana, vende un artículo en línea, simplemente empieza, y guarda ese dinero para tus sueños. Reconocer las cosas que quieres e iniciar tu viaje hacia ellas, aún con las acciones más pequeñas, te colocará en un sitio de poder. Y ese es un lugar mucho mejor en el cual estar cuando lo inesperado suceda.

Empieza por hacer un inventario personal. Piensa en las tres cosas sobre las que te gustaría tomar acción este año. ¿Cuánto has adelantado en el proceso? No te flageles si vas despacio. Solo piensa en el próximo pequeño paso que puedes dar, y hazlo. Hazlo.

Rupila Sethi

RUPILA SETHI SE CRIÓ EN LA INDIA, UNA DE TRES hijos de una familia Sikh muy unida y progresista, y estudió arquitectura en una universidad prestigiosa. A los veinticinco años, decidió que quería mudarse a Nueva York para hacer un postgrado. Aunque su familia creía firmemente en el valor de la educación, al principio se opusieron pues querían que se quedara cerca de casa y consiguiera un marido. Sin embargo, Rupila solicitó y le fue aprobado un préstamo educativo para estudiar diseño de luces en Parsons School of Design. Su familia, aunque triste porque se iría tan lejos, entendió que era una oportunidad increíble que ella no podía rechazar.

Mientras empezaba en la escuela, Rupila vivió un mes con un tío, su único pariente en Nueva York. Pronto consiguió en Queens un apartamento que podía pagar y compartirlo con dos compañeras a fin de ahorrar dinero, y tomó un trabajo con uno de sus profesores para cubrir sus gastos. Completó la maestría en un año trabajando tiempo completo. Ese año fue todo un reto, pero Rupila aprovechó cada minuto y aprendió a desenvolverse en Nueva York al mismo tiempo que hacía contactos en su industria.

Después de graduarse, Rupila continuó trabajando para su profesor en un estudio de diseño en el centro de Manhattan y adquirió experiencia trabajando en prestigiosos proyectos de iluminación para compañías como Tiffany, HBO y LeSport-sac. También diseñó la iluminación para sofisticadas residencias en los Estados Unidos y Kuwait, pero algo en la industria del alumbrado empezó a sofocarla. Su trabajo requería muy poca vena artística y Rupila ansiaba un poco de libertad creativa.

Poco después de graduarse, una amiga de la escuela de iluminación le propuso abrir un restaurante en el West Village. Su familia había estado en el negocio de los restaurantes en la India. Para esta época, Rupila ya se había casado y su marido ganaba un salario decente, así que ella decidió concentrarse en abrir el restaurante y dejó su trabajo. El restaurante fue un éxito; estaba en un vecindario de moda y obtuvo buenas críticas. Administrar un restaurante le enseñó a Rupila mucho más sobre Nueva York. Hasta entonces, ella tal vez se había sentido algo protegida —siguiendo un camino claramente delineado— pero cuando abrió el restaurante, supo lo que era estar a cargo de su negocio. Aprendió a lidiar con contratistas, clientes y trabajadores; aprendió las reglamentaciones de la ciudad. Ayudó a su amiga a administrar el restaurante más de dos años, pero los horarios eran largos y Rupila y su esposo querían tener una familia. Cuando su socia ofreció comprarle su parte, Rupila aceptó. En ese momento, a ella le preocupaba haber desperdiciado dos años de su vida, pero mirando atrás, ahora sabe que en esos años aprendió a administrar un negocio y pudo hacer conexiones. La experiencia acabó por sentar las bases de lo que ella hace actualmente.

Rupila quería volver a algo relacionado con arquitectura, pero en el ínterin trabajó en una serie de trabajos de tiempo parcial. Uno de ellos fue como gerente de proyecto en una compañía de construcción, y ese trabajo le encantó. Rápidamente asumió un rol mayor en la compañía y un año más tarde una de las jefas de la compañía le propuso que ambas empezaran una compañía propia. Decidieron abrir Aerial Design and Build. Inmediatamente, Aerial Design and Build empezó a suscribir contratos con algunas compañías y clientes de alto perfil. Su socia tenía los conocimientos técnicos, mientras Rupila era buena para aprovechar sus contactos del área de iluminación y del negocio del restaurante para conseguir contratos.

En los primeros cuatro años que estuvieron en el negocio, Rupila tuvo dos hijos, y su socia se mudó a Grecia. Los trabajos empezaron a escasear, y ellas a estar constantemente preocupadas pensando de dónde saldría el próximo proyecto importante. Querían algo de atención por parte de la prensa para publicitar lo que estaban haciendo, con la esperanza de atraer más trabajo. Así fue que se enteraron de Count Me In, una organización sin fines de lucro que ayuda a negocios de propiedad de mujeres prestando servicios gratis como capacitación empresarial y financiera, así como oportunidades de publicidad. Rupila y su socia sacaron tiempo de sus actividades diarias para suscribirse al programa de Count Me In —un proceso competitivo— y fueron aceptadas. Con la tutoría y el despliegue de prensa suministrado por el concurso, su negocio volvió a despegar. Ellas tuvieron la precaución de pensar en el futuro de su negocio, en la próxima cuesta que iban a escalar, en lugar de dejar que las consumiera el presente. Cinco años más tarde, Aerial Design and Build tiene un ingreso anual que sobrepasa los siete millones de dólares.

Haz del temor y el fracaso tus mejores amigos

EN TODOS MIS EVENTOS, ANTES DE SUBIR AL PO-
dio para hablar, presento un video de mis logros que dura tres minutos, para que la audiencia sepa quién soy y por qué estoy frente a ellos. En el mundo de los negocios ese tipo de video se le conoce como *sizzle reel*, un video promocional, y es impactante. Cuando lo veo, hasta yo misma quedo impresionada, enamorada de mi propia historia. Pero cuando tomo la palabra, lo primero que digo al público es que si fuera a mostrarles un video de mis fracasos, sería tres veces más largo que mi sizzle reel. Y los haría llorar.

Indiscutiblemente el demonio de las dos cabezas —el temor y el fracaso— es el mayor obstáculo por superar en nuestro viaje a volvernos empresarias.

El temor y el fracaso siempre están presentes en nuestras vidas. Y van juntos, de la mano. Primero tenemos que aceptar que son inevitables. Después tenemos que aprender a enfrentarlos. Al principio todo te atemorizará. Después te la jugarás y temerás fracasar... y fracasarás, ¡créeme! Y cuando lo hagas, pensarás que el mundo se viene abajo, pero de nuevo créeme: no es así.

Hay gente que me ha dicho: "Claro, es que has conseguido todo lo que tienes. ¡Tú no eres miedosa!". Y yo me río porque eso está muy lejos de ser cierto. El caso es que hace años yo decidí hacer del temor y el fracaso mis mejores amigos, mi faro de guía. Estaban apareciendo tan a menudo en mi vida que debí aprender a aceptarlos y prestar atención a lo que intentaban decirme.

Aún hoy, el temor puede hacer que deje pasar una excelente oportunidad y el fracaso sigue siendo muy doloroso para mí. Yo no lo tomo a la ligera; a veces no salgo de la cama durante días después de un revés. Pero entonces aparece el demonio de dos cabezas, y yo creo que está allí para decirme algo, para situarme en la dirección de algo que de otra manera yo no habría reconocido. He aprendido que merece mi respeto. Lo saludo y presto atención a lo que me está diciendo. El temor me está mostrando que hay algo que debo hacer aunque me asuste, y el fracaso me está mostrando que se me escapó una pieza del rompecabezas que necesito ver completo para hacerlo bien la próxima vez. A menudo, mis mayores éxitos han llegado pisándole los talones a mis peores fracasos. (Lo mismo pasa, por ejemplo, con la envidia. Presto atención. Me pregunto qué es lo que envidio de esta persona. ¿Cómo puedo adquirirlo? ¿Cómo puedo aprender de ello?)

Este comportamiento tuve que aprenderlo, porque en mi cultura latina somos criadas bajo una nube de temor; pero he observado que esto también les ocurre a mujeres de otras culturas. El fracaso es un estigma. Pero el fracaso viene incorporado en la experiencia americana. Aunque el temor aparezca y te paralice, hazlo de todos modos. Esa es la manera americana. Y por eso tenemos algo que aprender de Silicon Valley, donde el fracaso se celebra como una etapa en el camino al éxito.

También he tenido que aprender que el temor no es un hecho; solo es un sentimiento. Esto es algo que debes elaborar muy bien. En cambio al fracaso debes hacerle el duelo antes de seguir adelante. ¡Adelante! ¡Vamos! Hazlo. No lo pienses; solo hazlo. A pesar del temor y el fracaso, deja que tus acciones te muestren el camino, y tus sentimientos las seguirán.

ENFRENTAR MIS TEMORES

· · · ·

ENTRE LOS CINCO Y LOS DIEZ AÑOS, FUI PRESA DE TODO TIPO DE fobias basadas en el temor. Me asustaba caminar en la nieve. Me asustaban los ruidos. Me asustaban las piedras. Me comía las uñas. Me carcomían el temor y la ansiedad. Lloraba todo el tiempo. Y sin embargo era la traductora de mis padres, la que tomaba decisiones, su pilar. Ahora veo que mis fobias eran el único lugar en el que podía ser una chica. Me conseguían atención; me conseguían el cuidado y la preocupación de mis padres.

En sexto grado, la situación se volvió grave. Una chica de la escuela me matoneaba y me sentía miserablemente infeliz. Sabía que esa chica captaba mi temor y por eso se metía conmigo. Me di cuenta de que mi única opción era enfrentarla. Así que un día le grité y enseguida ¡la empujé hacia un tacho de basura! Casi me avergüenza admitir esa parte de la historia y —no me malinterpretes— no estoy recomendando que empujes a alguien dentro de un tacho de basura para superar tus temores. Pero en este caso ella no volvió a molestarme jamás.

Lo que quiero que entiendas es que es posible transformar tu temor así de fácil. Como dije, el temor es un sentimiento, no un hecho. Si alguien o algo en tu vida te está haciendo daño, tú tienes la fuerza y la capacidad de decirle basta y hacer un cambio. Lo sé porque lo hice. Mi madre lo llama mi "gran metamorfosis". De hecho ella empezó a llamarme ET después que ocurrió, porque según dijo, ¡una valiente extraterrestre debía haberse apoderado del cuerpo de su hija!

El hecho de que desaparecieran los temores de mi niñez no significa que el temor se hubiera marchado del todo de mi vida. Años más tarde, en mis treinta, regresaron algunas de mis fobias. De repente me atemorizaron las alturas. Pero ya sabía lo que tenía que hacer. La versión valiente de mí tomó clases de paracaidismo y salté de un avión: ¡tengo el video para comprobarlo! En realidad no es necesario saltar de un avión para conjurar los temores, pero ustedes captan la idea. ¡Nunca más me atemorizaron las alturas!

CUANDO EL TEMOR
TE AYUDA A CRECER

· · · ·

AMO ESTAS LÍNEAS DEL POETA RILKE: "EL FUTURO PENETRA EN nosotros… para transformarse en nosotros mucho antes de que ocurra". Me recuerdan que las cosas buenas pueden ocurrir, incluso si aún no las podemos ver.

En 2007, vendí a NBC un programa que de veras me encantaba; me parecía una serie de *reality* novedosa acerca de la autonomía femenina. Hasta visualizaba un robusto componente en línea que permitiría a los fans rastrear el progreso de las concursantes vía las redes sociales. Pero llegó la recesión de 2008, el dinero de los anunciantes se redujo y las cadenas empezaron a contraerse. Mi *reality* fue retirado de la programación y eso fue una tremenda decepción para mí.

Por esa época, el copresidente de NBC, me invitó a aparecer en la primera temporada de *The Celebrity Apprentice* con Donald Trump. El programa era totalmente nuevo en ese entonces, y él tuvo que explicarme todo el concepto tras el mismo. Pensó que era importante tener una latina independiente que realmente pudiera defenderse en el programa. Inmediatamente, empecé a sentir temor. "No soy una celebridad", pensé. "¿Por qué me querrían en un programa llamado *The Celebrity Apprentice?*". Yo era una persona de bambalinas. Pensé para mí, "No eres una de ellos. Tú no eres un talento que sale al aire".

—¿Bromeas? No soy una celebridad —le dije al ejecutivo que me lo propuso.

—¿Por qué no me dices simplemente gracias por ofrecerte millones de dólares de publicidad y mercadeo gratis para tu negocio? —respondió él—. Para cuando el programa llegue a su fin, serás una celebridad.

De modo que hice a un lado mi temor, acepté su oferta y se la agradecí efusivamente.

Aparecer en *The Celebrity Apprentice* resultó ser una de las experiencias más interesantes de mi vida. Pasé seis semanas secuestrada con un grupo de personas brillantes en formas completamente diferentes. En el elenco estaba Gene Simmons, de la banda Kiss (una de las personas más inteligentes que he conocido en mi vida), el boxeador Lennox Lewis, la actriz Marilu Henner (quien, me enteré entonces, es poseedora de una memoria prodigiosa), Nadia Comaneci, la gimnasta del 10 perfecto, el periodista británico Piers Morgan, y la mujer que marcó la pauta para todas las villanas de los programas *reality* que siguieron, Omarosa, quien es en realidad muy inteligente y capaz. Y por supuesto, estaba Donald Trump, el escandaloso empresario, que en esa época todavía era tan sólo un exitoso hombre de negocios y una estrella de realities, no un político. Quién se hubiera imaginado.

Pasé mucho tiempo con Gene Simmons, quien, más allá de sus imágenes de loco con la cara pintada y botas de plataforma, es una persona sumamente perceptiva y considerada. Sus observaciones me deslumbraban constantemente. Simmons y yo estábamos en el mismo equipo, y en un punto él de hecho permitió que lo sacaran del programa para salvarme. Para entonces, ya habíamos trabado amistad y antes de que abandonara el programa, lo llamé para agradecerle.

—Gene, ni sé que decir. Interceptaste una bala que era para mí.

—Te lo mereces, Galán —dijo él—. Pero ¿puedo darte un consejo? ¿Por qué pienso de ti que eres como una inmigrante escalando una montaña de la manera más difícil posible? Trabajas duro, pero no en forma inteligente. No te permites disfrutar de lo que estás haciendo. Es casi como si no disfrutaras del viaje si no es difícil. ¿No sabes que ya no es necesario que sea así? ¿No sabes que ya eres exitosa, que a estas horas de la vida ya tienes una agenda increíble? ¿Por qué no estás haciendo de tu vida algo más grande? Siento que estás destinada a algo más grande. ¿Por qué no te tomas un tiempo y te consigues una misión más grande para tu vida?

Sentí como si me faltara el aire. En ese momento, no alcancé a entender que en realidad estaba haciéndome un cumplido. En lugar de eso, lo que me dijo me hirió profundamente.

El programa terminó, yo volví a casa, y de nuevo entré en pánico por mi negocio porque ahora la economía iba en caída libre. Brian me dijo:

—Nely, ¿qué es lo que tanto te asusta? Déjame preguntarte algo: ¿Qué querrías hacer hoy si supieras que solo te queda un año de vida?

Yo sabía la respuesta:

—Terminaría la universidad. Volvería a tomar clases para obtener mi título.

Yo sabía lo que había sacrificado y de lo que me había perdido por haber estado trabajando en los años que debí pasar en la universidad, recibiendo una educación. Tenía mucha experiencia empírica que también deseaba procesar; quería estudiar psicología. —¡Entonces ve y estudia psicología! —dijo él.

Y lo hice. Me tomé un sabático de cuatro años de mi negocio de televisión. Al principio, sufrí leves ataques de pánico todos los días. Me sentía culpable, irresponsable y perezosa. Mi negativa y temerosa voz interior me decía, "¿Quién te crees que eres?". Y el sobresalto en las caras de mi familia y mis amigos cuando se los dije, corroboraba mi propio pensamiento negativo. Pero podía sentir que mi temor me estaba llevando a un sitio más alto, así que lo mantuve a raya.

Durante mi primer mes de estudio, un profesor leyó uno de mis ensayos y dijo:

—¿Qué es esto? Escribes como un rapero. —Toda mi vida había trabajado en los medios, y la forma en que escribía estaba moldeada por la manera de hablarle a la gente del negocio del entretenimiento cuando estás tratando de venderles algo a la carrera—. Necesitas volver a aprender a escribir. Esta es una copia de *The Elements of Style* de Strunk y White, el clásico libro de sintaxis y gramática inglesa. Aprende a escribir, reescribe tu ensayo y preséntalo de nuevo.

Me fui a casa y le conté a Brian lo que mi profesor había dicho. Brian dijo:

—Vaya, ¿de veras te dijo eso el profesor? Creo que si alguien me lo dijera a mí, renunciaría.

—No, yo voy a un punto más alto —le dije—. Debo ser humilde y echar para atrás si quiero seguir adelante.

Y en ese momento, algo hizo clic. De repente entendí lo que Gene Simmons me había dicho: que necesitaba tomarme el tiempo para prepararme para la próxima etapa de crecimiento. Necesitaba apuntar más alto. Y entonces supe que mi decisión de volver a estudiar era la correcta. Necesitaba hacer un alto y repasar todo lo que había hecho en mi vida, analizarlo, ver dónde estaban las brechas de mi educación y llenarlas para que yo misma pudiera acceder a un sitio más alto.

A veces, el temor ayuda a moverte desde donde estás hasta donde necesitas estar. Es como un llamado de alerta porque estás dejando tu zona de confort. Toda la vida yo me las había arreglado de pura caradura, pero me había perdido de algunos hechos cruciales, y mi temor estaba mostrándome que debía volver atrás y hacer el trabajo.

Estaba creando el marco para la siguiente etapa de mi viaje. Mis estudios de psicología me dieron las herramientas y la visión para analizar y comprender mis batallas personales como inmigrante y mi viaje como mujer, como latina y como empresaria. De repente el rompecabezas se completó. Si la economía no se hubiera derrumbado, si no me hubieran quitado mi programa, si no hubiera accedido a aparecer en *The Celebrity Apprentice*, no habría vuelto a las aulas a estudiar psicología y no habría caído en cuenta de que mis ideas sobre la autonomía femenina eran más grandes que un programa de televisión. La escritura de mi tesis y mi disertación sobre la lucha de las mujeres y las latinas se convirtieron en la base para el movimiento ¡Adelante!, que me llevó a recorrer el país para difundir mi mensaje y, por último, a escribir este libro.

Abrirse camino entre el miedo no es fácil, pero haciéndolo se aprende, y se crece. Y, a la larga, te cambia. Nunca permitas que el miedo te detenga. Jamás. Piensa que soy tu instructor de paracaidismo. Yo no te voy a empujar del avión, pero sí voy a enseñarte cómo revisar tu paracaídas y tu paracaídas de respaldo, y voy a enseñarte cómo aterrizar.

A veces cuando se pierde, se gana

No pude evitar meterme en los zapatos de Miss Colombia en el concurso de Miss Universo 2015. La compadecí. Ella acababa de ganar el título de Miss Universo, y entonces, segundos más tarde — iufff! ifue un error! — lo perdió ante Miss Filipinas, y le quitaron la corona de la cabeza abruptamente. En primera instancia, estoy segura, para ella fue un momento demoledor y humillante.

Pero ¿realmente perdió? Primero que todo, la publicidad que obtendrá de ese error pondrá su carrera en marcha rápidamente. A veces perder nos puede mostrar el camino hacia una mejor idea, una misión más grande. A veces perder te salva de un tremendo error. A veces perder te abre la puerta de algo que es mejor para ti, que armoniza más con tu verdadero ser y que al final resulta ser el mejor camino.

En este momento, ser Miss Universo es la aspiración que un día fue ¿o la nueva meta es ser Ms. Empresaria? Recientemente leí en una revista un excelente artículo titulado "La nueva belleza es la inteligencia". Estoy segura de que Miss Colombia se dará cuenta de eso, si es que no lo ha hecho ya. Creo que le irá mejor por haber perdido la corona. El mundo es de ella y ahora está libre para explorarlo, fuera de la jaula de su título o su belleza. Y espero que ella cultive una nueva versión —una versión más profunda y mejor— de sí misma.

Primero, ¡elígete tú!

AY UNA VARIACIÓN DE LA FANTASÍA DEL RESCATE DEL Príncipe Azul. La he denominado la fantasía de la "elegida". Es una transformación mágica que ocurre sólo con estar en el lugar correcto en el momento correcto. Implica ser arrancada de la oscuridad, elegida por suerte o por casualidad para ascender a la felicidad, fama o éxito en forma instantánea. Se desarrolla así: alguien con el poder de hacer que sucedan cosas te va a ver —tu yo real, la versión de ti misma que tú aspiras a ser, la que mantienes oculta en las profundidades de tu ser interior— y esa persona te elegirá y te llevará a que seas la persona que estabas destinada a ser. Es una fantasía que se nutre de esos cuentos de hadas sobre la chica que es descubierta en un centro comercial y se convierte en una modelo famosa, o el atractivo repartidor que un día llega a entregar un paquete donde un agente de casting... Tal vez tu versión se acerque más a esto: un día, en el trabajo, tú vas a hablar en una reunión y el gran jefe va a reconocer lo brillante que eres. De repente, él te verá bajo una nueva luz —¡tú eres material ejecutivo!— y te ubica en una vía rápida de tu carrera profesional. O quizá tu fantasía de la elegida se parezca más a lo siguiente: te gusta la repostería, así que horneas tus famosos brownies para la venta de pasteles en la escuela. Sin saberlo tú, una de las madres es una acaudalada capitalista de riesgo. Ella prueba tu creación y pierde la cabeza y ¡ofrece respaldarte y convertir tu producto en una marca exitosa!

La mayoría de nosotras nunca lo admitiría, pero secretamente esperamos ser elegidas. Pensamos, "Si trabajo duro y hago todo lo correcto, alguien se dará cuenta que existo y finalmente seré premiada". Pero lo cierto es que para ser elegida, primero debes elegirte tú. No puedes quedarte sentada por ahí esperando a que alguien más haga ocurrir el éxito por ti. Tú debes ser quien lo haga ocurrir, y eso empieza por reconocer tus dones y fortalezas. Por tener una meta y honrar esa meta y declarar tu intención de llegar a ella. No esperes que ocurra la magia. Hazla ocurrir. Primero ¡elígete tú!

Entonces ¿qué quiero decir exactamente con eso de primero, elígete tú? Te lo explicaré con una historia de mi propia carrera. Cuando tenía treinta y cinco años, me llamó un ejecutivo de Sony que estaba buscando alguien para el cargo de presidente de programación de Telemundo, la cadena de televisión en español con base en Estados Unidos. Quería reunirse conmigo sobre eso. ¡Presidenta! La primera latina presidenta de programación de una cadena! El trabajo que había soñado desde niña. En la pared de mi habitación de adolescente, había pegado fotografías publicadas en *Vanity Fair,* de Sherry Lansing, mi ídolo —la primera mujer presidenta de un estudio de cine, 20th Century Fox. Aunque tenía todas las calificaciones para asumir el cargo en Telemundo, yo también era una desconocida. Venía de administrar mi propia compañía productora de televisión; y como contratista independiente, era proveedora de contenido de televisión para las cadenas. Tenía a las cadenas como clientes, pero no formaba parte del exclusivo club corporativo. Era uno de los tipos del club corporativo.

Durante la entrevista, él me dijo bastante crudamente, "A mi modo de ver, este es un trabajo muy corporativo, tienes que ser empleada y tú eres más emprendedora". Mi corazón se detuvo. Él era un ejecutivo brillante con grandes logros en Hollywood y yo agradecí su franqueza. Entendí que estaba diciendo que él me veía más como una contestataria que querría salirse con la suya, que alguien dispuesta a anteponer las necesidades de la compañía. Visto en retrospectiva, probablemente tenía razón (¡yo no podía ocultar mi espíritu emprendedor!), pero en ese momento yo ya había decidido que quería ese cargo; estaba convencida de que era el trabajo para mí. Una vez que dijo esas palabras, sentí que lo había echado a perder todo.

Supe que tenía que hacer algo drástico para borrar esa idea de su mente y convencerlo de que yo era la candidata ideal para el cargo, así que volví a mi oficina y puse manos a la obra para producir una cinta de cómo pensaba yo que debía lucir Telemundo. Contraté a un equipo de diseño que pudiera dar forma a la campaña que yo imaginaba, con el mensaje de que ser latino en los Estados Unidos es lo mejor de dos mundos. Contraté editores y trabajé con ellos una semana. Lo pagué de mi propio bolsillo. Envié la cinta al ejecutivo. Era el tipo de cinta que habría hecho alguien que ya estuviera dirigiendo la compañía. Gracias a esa cinta, conseguí el trabajo.

Yo había tomado la decisión consciente de elegirme a mí misma, confiando en que el resto del mundo me seguiría.

¿Cómo había sabido qué hacer? Ya tenía bastante práctica en eso de elegirme, y eso es lo que quiero que hagas tú: identifica tu meta, quién quieres ser —la persona que sueñas sea "descubierta"— y practica elegirte tú misma hasta que te sientas cómoda en ese rol. Haz lo que tengas que hacer para convencerte a ti misma: toma acción real, edúcate, crea el tipo de cosas que se esperarían de ti en ese rol. Al principio no será cómodo; a veces será aterrador. Pero tienes que convertirlo en un reflejo. Es como un músculo que debes ejercitar hasta que se fortalezca.

¿Cuándo empecé a cultivar ese instinto? En mi segundo año de secundaria una de las monjas —¡mi monja favorita!— me acusó de plagio. Yo había escrito un cuento corto. Pienso que debió estar muy bien, porque la monja pensó que había copiado a Ernest Hemingway. Me suspendieron de la escuela por tres días y me enviaron a casa. Cuando intenté explicarles a mis padres lo que había sucedido, ellos tomaron el partido de la monja. Como inmigrantes, siempre estaban temerosos; todo los avergonzaba. Ahora lo entiendo, ¡pero en ese momento me puse furiosa! Ellos me dijeron, "Tienes que devolverte y disculparte con tu maestra". ¡Yo estaba indignada! No había hecho nada malo, pero no había forma de que me escucharan.

Ahora sé que la ira puede ser una herramienta muy poderosa si se maneja bien. Puede motivarte a hacer algo grande, ¡a ganarle al sistema! Estaba furiosa con la monja por pensar que a una aplicada santurrona como yo alguna vez se le ocurriría cometer plagio. Y encontré una forma de canalizar esa furia. Durante mi suspensión me senté en el ático de la casa y escribí un ensayo: "Por qué no debe enviar a su hija a una escuela católica para niñas". Y lo envié a *Seventeen,* mi revista favorita en aquel entonces.

Tres días más tarde, volví a la escuela y la monja me llamó a su oficina.

—Lo siento tanto, Nely —me dijo—. Algo en tu cuento me recordó un cuento de Hemingway, pero estaba equivocada. Te felicito por haber escrito un cuento tan bueno. Simplemente no podía creer que a los quince años escribieras algo tan serio.

—Supongo que tengo pensamientos muy profundos para una adolescente —le contesté. Ella me calificó con A+ esa materia.

Pasaron unos meses y en la escuela el asunto fue olvidado. Entonces, un buen día, recibí una carta de una mujer llamada Lori, asistente editorial, que traía el membrete de *Seventeen.* Decía: *¡Felicitaciones! Hemos escogido tu artículo para* *que sea publicado en* Seventeen. *Anexamos cheque por $100.* ¿Puedes imaginarte recibir esa carta siendo adolescente? Yo era una colegiala católica, así que sentí que Dios me estaba dando una señal. Sentí que había sido elegida, pero en realidad yo me había elegido primero al escribir y enviar ese ensayo a la revista.

Cuando el artículo salió publicado entré en pánico, y las monjas se enfurecieron de nuevo. Una chica adolescente que escribiera hoy esa historia podría ser la próxima Lena Dunham, pero en esa época las monjas no tenían sentido del humor. El artículo causó sensación y me ofrecieron ser editora invitada en *Seventeen*. En este punto, yo tenía créditos suficientes para graduarme temprano de la secundaria. Así que lo hice, y empecé a ir de New Jersey a Manhattan para una pasantía de un año. (Por si acaso se lo están preguntando, tomé un empleo como vendedora en The Limited, una tienda de ropa, para pagarme el transporte porque la pasantía no era pagada). Pero nunca olvidé la moraleja de la historia: cuando se toma acción y te eliges, existe la posibilidad de que algo ocurra. Si no tomas acción, puedo garantizarte que nada ocurrirá.

Escucha, son muchas las veces que he tomado acción en mi vida y las cosas no han salido tan bien. Pero si no funciona todas las veces, no importa. Considera esos fracasos como práctica. El punto es adquirir el hábito de escogerte hasta que hacerlo se convierta en tu segunda naturaleza. En mi caso, tal vez sólo fue suerte de principiante. Pero me permitió experimentar la emoción que se siente al salir premiada por haberte escogido. En realidad pensé para mis adentros: "Oh, Dios mío. Estoy llamada a hacer grandes cosas".

En mis eventos a menudo encuentro mujeres que dicen cosas como, "Me gusta cocinar" en lugar de "Soy chef", o "Yo ayudo a organizar los closets de mis amigas" en lugar de "Soy estilista". Entonces les digo: "Si quieren que la gente las vea por lo que son, ¡tienen que declararse! En este país la gente que gusta es la que habla en voz alta y clara, y que defiende aquello en lo que cree. Nos gusta la valentía. Este es probablemente, el único país del mundo que premia la audacia. Así que toma acción. Habla. Sé audaz. Declárate. Dí: 'Conduzco para Uber y ¡adelante! soy emprendedora' Dí: 'Soy dueña de una tienda en línea y ¡adelante! soy emprendedora'." Elígete. Y cuando lo hagas, la gente se fijará en ti y te elegirán una y otra y otra vez.

¡ADELANTE!

ELÍGETE.
Y CUANDO
LO HAGAS,
LAS PERSONAS
SE FIJARÁN
EN TI, Y TE
ELEGIRÁN
UNA Y OTRA
Y OTRA
VEZ.

INVIERTE EN TI

····

CREO QUE DEBES MATAR ALGUNAS PARTES DE TI PARA QUE otras partes puedan renacer. Esa voz negativa en tu cabeza que te dice, ¿Quién te crees que eres? Ella tiene que irse para que tú puedas escogerte. ¿Cómo hacer que se vaya? ¿Cómo deshacerte del bagaje y los resentimientos que te detienen y te agobian para que las partes mejores, más fuertes y orientadas hacia adelante puedan alzar vuelo? Se requiere trabajo. Mucho trabajo. Trabajo interior. Escogerte implica introspección.

Durante los cuatro años en que volví a la escuela, tuve muchas muertes, rabias que dejar atrás, cosas con las que hacer las paces. En todo eso la terapia ayudó; y mucho. Pero escribirlo también ayudó. Tengo la costumbre de escribir semanalmente. He llevado un diario desde que tengo siete años. Cada semana escribo en mi diario las cosas por las cuales estoy agradecida, mis logros de la semana, más todo aquello que aún debo trabajar. Y van apareciendo cosas; empiezas a ver los temas. Unos negativos, otros positivos. Esas son las cosas que debes decidir eliminar o cultivar. Escogerte es pura autoayuda, terapia de "hágalo usted misma". Es posible que por el camino necesites o quieras buscar ayuda profesional. Considérala como una inversión en ti.

Si no te sientes cómoda con la terapia, consigue un entrenador de vida *[life coach]*. Si ése no es tu estilo, busca un maestro espiritual; un sacerdote, un pastor, una monja, un rabino, quien sea que desempeñe esa función en tu vida. Hay mucha ayuda por ahí; nadie debe sentir que debe hacerlo sola. Hay mucho que aprender con tan sólo prestarte atención a ti misma. Todo lo que haces, cada decisión que has tomado o tomarás, es importante, porque tú eres importante. No hay narcisismo o arrogancia en ello. Es adoptar la mentalidad de que tus acciones cuentan, que tus decisiones tienen implicaciones y que tú te has escogido y has puesto toda tu fe en tu propia capacidad de triunfar. Tu mayor inversión es mirarte en el espejo. Cuando te comprometes con volverte emprendedora, en lo que finalmente estás invirtiendo es en ti misma.

¿QUIÉNES CONFORMAN TU EQUIPO?

....

¿SABÍAS QUE EL JUGADOR DE FUTBOL CRISTIANO RONALDO TIENE VEINTE entrenadores? ¿Eres menos importante que Cristiano Ronaldo?

Invertir en ti significa integrar un equipo de personas para enseñarte habilidades que desconoces, complementar destrezas que ya tienes y apoyarte de muchas maneras, incluso emocionalmente. Toma clases o contrata a un tutor o, mejor aún, canjea tus destrezas por las de otra persona. Quizás te avergüence no ser muy lista en tecnología o redes sociales. Pero no estás sola; el mundo digital se mueve vertiginosamente. Conozco billonarios que han contratado tutores para entrenarlos para el Internet. Conozco billonarios que han estudiado contabilidad y temas jurídicos —pan de todos los días en los negocios— porque quieren saber lo suficiente para poder preguntar sobre los mismos a las personas que trabajan para ellos. Cuando dirigía una pequeña estación de televisión, me di cuenta de que no tenía la preparación que necesitaba, especialmente en matemáticas. Odiaba las matemáticas. Así que puse un aviso en el periódico porque pensé que eso era lo que se hacía, y recibí una respuesta de una señora llamada Ofelia. ¡Ofelia! Jamás la olvidaré. Ofelia se convirtió en mi tutora de matemáticas. Venía a mi oficina tres veces por semana a enseñarme las matemáticas de mi negocio. A ella le gustaban tanto las matemáticas que dio vuelta a la llave en mi cabeza y me enseñó a disfrutarlas. Ahora puedo enseñarle matemáticas a cualquier persona. Me encanta llevar la contabilidad y cuadrar los libros.

Si no tienes tiempo o dinero para un tutor, toma una clase. Hay escuelas nocturnas que ofrecen clases gratis. En YouTube hay cursos en línea. Visita la Khan Academy en línea, un recurso increíble para matemáticas, economía, finanzas y ciencias de la computación.

Ingresa a un club de jóvenes emprendedores, como tu cámara de comercio local, donde encontrarás gente lista y a la medida para ayudarte con tu negocio. Las cámaras de comercio ofrecen capacitación, información y eventos de redes sociales en los cuales encontrarás emprendedores iguales a ti. En el trabajo, ofrécete a colaborar con la asociación latina o afroamericana o asiática de tu compañía. O únete a una organización profesional o colectiva.

El punto es crear una comunidad de entrenadores, un talentoso pool de recursos que puedes aprovechar. No tienes que hacer esto sola. En cada paso del camino, hay alguien que puede ayudarte.

Miracle Wanzo

A MIRACLE WANZO LE ENCANTABA LA MODA pero decidió estudiar administración porque pensó que sería más práctico. Después de la universidad, siguió el camino tradicional y entró a trabajar en una compañía farmacéutica. Miracle estaba contenta en su compañía y había empezado a escalar posiciones. Cuando nació su primer hijo, se dio cuenta de que la vida que ella creía desear no le permitía pasar tiempo suficiente con su familia. No podía trabajar desde la casa y los largos horarios y desplazamientos hasta el sitio de trabajo se estaban convirtiendo en enormes fuentes de estrés. Ella se dio cuenta de que quería dejar el mundo corporativo y trabajar para sí misma; quería trabajar por su cuenta.

A finales de la década de 1990, Miracle vio que en el comercio electrónico había una tremenda oportunidad para ella. El Internet era algo relativamente nuevo, y no mucha gente tenía negocios en línea establecidos para aprender de ellos, de modo que empezó buscando proveedores de ropa en línea y haciendo conexiones en SCORE la rama de consultoría de la Small Business Administration (SBA, la administración de pequeños negocios en Estados Unidos), en busca de asesores con conexiones en la industria de la moda. Unos meses después había hecho suficientes contactos e invertido en un variado inventario; entonces empezó a vender ropa de diseñadores y de marca con descuento, en eBay. Ella mantuvo su empleo con la compañía farmacéutica, pero al mismo tiempo se dedicó a hacer funcionar su negocio en línea. En un año y medio, su negocio en eBay ya era tan sólido que se sintió segura como para dejar su trabajo en la compañía.

Con el tiempo, Miracle decidió cambiar el rumbo. Quería mayor control sobre su inventario y con ropa de descuento nunca sabía qué tallas o colores le despacharían. Ella retiró la mayor parte de su negocio de eBay e inició otro negocio en línea para vender lencería, *hipundies.com*. Una amiga de ella administraba una exitosa tienda en línea de vestidos de baño, y Miracle vio que su negocio probablemente seguiría una trayectoria similar, y que ella podría beneficiarse de la experiencia de su amiga. De una vez, Miracle hizo todos los pedidos que pudo a fabricantes de ropa interior que despacharan pequeñas cantidades, ofreció el inventario en su sitio, y empezó a recibir y despachar pedidos. De esa manera, hipindies.com tuvo utilidades en forma inmediata.

Para esa época, la competencia en el comercio electrónico de lencería era poca. Mientras se vendió ese inventario limitado, Miracle aprendió a administrar el negocio y también aprovechó ese tiempo para contactar grandes marcas y dirigirlas a su sitio para ilustrar en qué forma podía mercadear y vender el inventario. A medida que su selección crecía, crecieron sus utilidades, pero como el comercio electrónico se popularizó, esas marcas empezaron a vender en línea directamente a los consumidores. Miracle sabía que solo era cuestión de tiempo antes de que tuviera que competir con sitios web de marcas específicas, así que se arriesgó e invirtió las utilidades de hipundies.com en manufacturar su propia línea de lencería bajo la marca Hip Undies, dentro y fuera del país. Su idea era ofrecer un producto exclusivo y controlar su precio y calidad. Siempre en busca de asesoría,

Miracle se apoyó mucho en la creciente comunidad en línea. Se afilió a organizaciones como Count Me In, grupos de Facebook, eCommerceFuel y Dynamite Circle, comunidades cerradas en-línea cuyos miembros deben tener un umbral de ingresos en línea para formar parte de ellas. Esos colegas del comercio electrónico minorista asesoraron y apoyaron a Miracle.

Madre soltera de cuatro, Miracle le da trabajo a sus hijos en el negocio, mostrándoles el valor de trabajar por su propia cuenta. Siempre está mirando al futuro, adquiriendo nuevos conocimientos y reinvirtiendo en su negocio el dinero ganado, para volverlo más eficiente y rentable. Ella se sumergió en la comunidad a su alrededor y en línea, aprendió cada aspecto de su negocio y acopló su pasión y sus habilidades para crear una compañía exitosa y dinámica. Miracle se eligió a sí misma una y otra vez.

"ACTUAR COMO SI FUERAS..."

. . . .

CUANDO CUENTO A MUJERES MIS LOCAS HISTORIAS DE ELEGIRME yo primero, ellas siempre preguntan, "¿Pero cómo lo hiciste? ¿Cómo tuviste las agallas?". Voy a contarles un secreto: yo no habría podido hacer estas cosas sólo siendo yo misma. "Sólo sé tú misma" no es la forma de abrirse camino en situaciones profesionales. Cuando necesito un estímulo de confianza adicional, uso este pequeño truco: canalizo la confianza y energía de personas que admiro, a quienes considero valientes y autónomas. Esto es lo que llamo "actuar como si fueras...". No es ser "farsante"; más bien es como tomar un atajo a tu confianza en ti misma cuando te estés sintiendo intimidada. Y te lo juro, "actuar como si fueras..." ¡funciona! Aprendí este truco muy temprano en mi carrera cuando me sentía intimidada trabajando junto a gente exitosa.

Cuando necesitaba ser valiente, evocaba la energía, autoridad y elegancia de algunos de mis antiguos jefes. En *Seventeen,* trabajé con Andrea Robinson, una editora de belleza que más adelante se fue a dirigir Revlon y L'Oreal. Ella era hermosa, súper capaz y autónoma. Más adelante trabajé para la productora de televisión Aida Barrera quien era muy decisiva y fuerte. Y después en los años ochenta trabajé para la legendaria Monique Pillard, quien dirigía Elite Model Management y manejaba las carreras de Iman, Christie Brinkley, Kim Alexis, y otras supermodelos. Monique era como una mamá dura pero amorosa que podía hacer llorar a hombres hechos y derechos con sus técnicas de negociación. En los años siguientes muchas veces me sentía muerta de miedo, pero cuando tenía que hacerlo, canalizaba a esas mujeres que admiraba y las llevaba conmigo a la gran reunión, entrevista o presentación. Me preguntaba a mí misma, "¿Qué harían Monique, Andrea o Aida en este momento?". Y yo iba y lo hacía. A medida que mi carrera progresaba, fui agregando a mi lista una variedad de mentores, hombres y mujeres, y seleccionando lo mejor de sus actitudes, sus frases concisas y directas, y sus habilidades para negociar.

Cuando aprendes de los mejores y los tomas como modelo, de alguna forma encuentras por el camino tu propia voz, tu propia fuerza, y un estilo que es auténticamente tuyo. Cuando fui concursante en *The Celebrity Apprentice*, tuve más de una discusión fuerte con Donald Trump en la sala de juntas. Me escribían mujeres preguntándome, "¿De dónde sacas las agallas para hablarle así a Trump, especialmente como latina?". Para entonces yo había encontrado ya una potente y auténtica voz propia. Ya no era la niñita cubana que lloraba cuando las maestras o las otras chicas decían algo que hería mis sentimientos. Hoy me siento tan orgullosa cuando mujeres de quienes he sido mentora y con las que he trabajado me dicen: "Cuando me siento atascada, me pregunto a mí misma, '¿Qué haría Nely en esta situación?' y actúo ¡como si fuera tú!". Esto me produce tanta alegría porque sé que esas mujeres van camino a la autonomía. Créeme, el truco funciona.

Todas lidiamos con inseguridades. Cuando me nombraron presidenta de programación de Telemundo, lo que me preocupaba no era el trabajo, el estrés o el hecho de que debía dirigir a tantas personas, sino mi falta de estilo. En ese tiempo, no tenía ni idea de cómo vestirme a la moda y profesionalmente, y a veces la gente se hacía ideas equivocadas. ¿Quién podría ayudarme? ¿Por qué no una editora de moda de *Vogue*? No sabía si una editora de moda podría hacer algo así, pero pensé que no perdería nada al preguntar.

Tuve suerte; cuando estuve en *Seventeen*, había hecho amistades en la industria de la moda. A través de ellas, encontré una joven afroamericana que había trabajado en *Vogue* como editora. Ella aceptó el reto. Yo acostumbraba a usar ropa llamativa, con mucho brillo y baratijas. Un estilo más cuchifrito que presidencial. Ella me convenció de que mis atuendos debían ser discretos, porque yo era lo suficientemente ruidosa. Creó una preciosa paleta sofisticada y me presentó mi nuevo aspecto. Compró para mí y armó un libro con instantáneas de vestimentas y sus respectivos accesorios para cada día de la semana. De repente sentí que se me quitaba un peso de encima. Aprendí el arte de vestirme y me guié por mi librito hasta que ya no lo volví a necesitar. Y lo más importante, ya no tuve que volver a preocuparme por si iba vestida apropiadamente. Sabía que lucía estupenda. Podía concentrarme al 100 por ciento en mi trabajo. Y acabó siendo más barato contratarla que buscar mi ropa en una tienda porque ella ¡consiguió todo mi guardarropa a precios de mayorista!

Ahora la mayoría de las tiendas por departamentos tienen una compradora profesional que puede ayudarte a mejorar tu guardarropa gratis si lo compras en esa tienda. No siempre se necesita una editora de *Vogue*, pero sí necesitas buscar los recursos a tu alcance y sacarles provecho, porque tú vales la pena.

EJERCICIO:

Actuar como si fueras...

A este proceso de canalizar a otros que admiras lo denomino "actuar como si fueras...". Aquí hay algunas preguntas que puedes responderte para que empieces a canalizar la energía y confianza de tus mentores:

o   ¿A quién admiras? (Pueden ser personas que conoces, celebridades, o gente que has admirado desde lejos).

o   ¿Quiénes son las cinco mujeres o los cinco hombres en tu vida, que tienen cualidades que te gustaría mucho emular y por qué?

o   ¿Quién es la persona más valiente que conoces?

o   ¿Quién le habla a las personas en una forma respetuosa pero impactante?

o   ¿Cómo puedes emular a estas personas autónomas?

Hazte una carpeta —o un portafolio— y llénala con imágenes de la mujer que quieres ser. Recorta fotos de revistas; escribe notas de lo que te gusta de las imágenes. ¿Cómo luciría esa mujer, y cómo sonaría? ¿Cómo dominaría ella un salón? Ahora encierra en un círculo las palabras que aparecen una y otra vez. Esa repetición es el hilo de tu tema. El hilo te dice lo que está faltando en tu vida. Escríbelo.

¿De las personas en la lista, quién personifica este atributo? Convierte a esa o esas personas en tu mentor de ensueño. Cuándo estés atascada pregúntate, ¿qué harían ellos? ¿Les avergonzaría decir que les paguen por un servicio? ¿Cómo se vestirían para una presentación? Piensa en preguntas que te gustaría hacerle a tu mentor de ensueño. Trata de imaginar las formas en que él o ella respondería esas preguntas.

Princess Jenkins

PRINCESS JENKINS CRECIÓ EN EL BRONX RODEADA de chicos, pero con una pasión por las telas y el diseño. De niña, se sentaba en su pórtico y dibujaba vestidos mientras los otros chicos jugaban. Con el tiempo, ella empezó a rediseñar su guardarropa usando bordados y crochet para volver exclusivos sus vestidos. Tenía trece años cuando fue al Dover Theatre a ver la película Mahogany, en la que Diana Ross interpreta una aspirante a diseñadora que lucha por entrar al negocio de la moda y finalmente alcanza la fama. Desde ese momento, Princess supo que quería ser una diseñadora de modas. Se deshizo de su personalidad de chica del barrio y adoptó el estilo de Mahogany, el personaje de Diana Ross. Ella "actuó como si fuera... Diana Ross".

En la secundaria, Princess aprovechó un programa ejecutivo de pasantías patrocinado por el Consejo de Educación de la ciudad de Nueva York, para el cual seleccionaban estudiantes de último año que dejarían sus estudios normales para adquirir experiencia sobre la práctica, durante cuatro meses. Princess se inscribió y solicitó una pasantía con un diseñador. El programa trató de ubicarla en una pasantía con un estudio de danza —ella también era una consumada bailarina— pero Princess perseveró. Inspirándose en Mahogany, dijo a la organización que sólo estaba interesada en hacer pasantías en la industria de la moda.

Finalmente la colocaron en una pasantía con Vera Maxwell, diseñadora de ropa deportiva. Princess trabajó más de tres años en el estudio de Vera, donde empezó como asistente. Trabajaba gratis cinco días a la semana, siempre llegaba a tiempo, conservaba los recibos de todo lo que recogía y se ganó la confianza de la gente del estudio. Con el tiempo, Vera pasó a Princess a un empleo con paga, en su sala de exhibición, como encargada de los accesorios para todos los desfiles. Durante ese tiempo, Princess conoció a muchas personas de la industria de la moda y aprovechó esas conexiones para forjar su carrera.

Ahora Princess es la presidenta de Brownstone, boutique de ropa de mujer en Harlem que ha sido presentada por *Good Day New York* y *Good Morning America*. Aprovechando su éxito como propietaria de su empresa, decidió cumplir otra misión importante para ella. En 1998, Princess Jenkins fundó Women in the Black, una organización empresarial con sede en Harlem, creada con el fin de educar, entrenar y apoyar mujeres que han empezado sus propias compañías. Ella ha ayudado a asesorar, promover y prestar asistencia a más de dos mil quinientas mujeres desde que Brownstone abrió sus puertas.

IRSE DE CASA

····

TENÍA DIECISIETE, Y COMO MI PASANTÍA EN LA REVISTA SEVENTEEN ESTA-ba llegando a su fin, me preparaba para empezar en la universidad cuando de buenas a primeras, me contactó la productora latina Aida Barrera, que se había enterado de mi trabajo en la revista. Ella estaba lanzando un programa de televisión llamado *Checking It Out* que era como una versión adolescente del programa de noticias *60 Minutes*, me ofreció trabajo como investigadora. Pero había un problema (además de que se suponía que yo iba para la universidad): el show tenía como base la ciudad de Austin, en Texas. Alcancé a vislumbrar mi futuro en la industria de la televisión y en Aida, que era un verdadero modelo a seguir. ¡Me voy como sea! Cuando le conté a mi madre, ella dijo:

—Niña, ¡Dios mío, no! ¡No voy a dejarte ir a Texas! ¡Tienes diecisiete años!

Pero yo lo veía como una oportunidad que no podía dejar pasar.

—Mamá, tengo casi dieciocho —le dije—, y si no me dejas ir, me escaparé.

El día en que me fui mi madre lloró histéricamente. Por mi parte, empaqué todo en mi pequeño Chevy Chevette anaranjado y conduciendo yo sola atravesé medio país. Pero debo explicar algo: las latinas no se van de casa así. Yo me estaba anteponiendo, y no sólo yo misma sino mis propias necesidades, a las necesidades de la familia, o al menos eso parecía. Sabía que mi destino no estaba en Teaneck, New Jersey. Esa no era la vida que yo quería. Sabía que debía hacer un cambio radical.

—No te perdono si me dejas —me dijo mi madre. Dios, fue duro oír eso. Yo era su traductora, su confidente y su amiga. Pero aún sabiendo todo eso, creo que no pude entender por completo lo devastador que fue para ella hasta que tuve mi propio hijo.

A veces me pregunto, ¿cómo habría sido mi vida si no hubiera dejado Teaneck ese día? Hoy mi madre admite que aunque para ella fue terriblemente difícil aceptarlo, yo tomé la decisión correcta. Ella quería que me quedara porque estaba asustada. Pero después de mi partida, empezó a pensar en volver a estudiar y aprender a conducir, y al cabo de un tiempo, llegó a hacer ambas cosas. Lo que había podido parecer un acto egoísta de autodeterminación —dejar padres y hogar para volar con mis propias alas— de hecho resultó un bien mayor para mi familia. Hoy día mis padres llevan una vida increíble, ya retirados, en parte porque yo me fui de Teaneck para ese empleo en televisión. Así que déjame preguntarte: ¿En realidad estaba siendo egoísta? Como se nos dice en los aviones, debemos ponernos la máscara de oxígeno primero. Para poder ser lo mejor para los demás —tus padres, tus hijos, tu pareja— primero debes escogerte y encargarte de ti misma.

De modo que esto es lo que quiero que hagas: lánzate. Escribe cartas a las personas que quieres conocer. Lleva un blog, escribe artículos en línea, encuentra tu medio de expresión, ten una voz propia. Declara tus intenciones. Cuéntale al mundo quién eres. Arriésgate, sabiendo que no todo resultará, pero hazlo porque el coraje es una práctica con la cual necesitas sentirte cómoda. No te quedes ahí sentada esperando a que te ocurran grandes cosas. Primero, ¡elígete tú! ¡Eres una luchadora! Muéstrale a los demás que vale la pena escogerte.

YO SOY

· · · ·

ESCOGERTE A TI MISMA ES CUESTIÓN DE IDENTIDAD, PARA QUE los demás puedan verte completamente, tú debes saber quién eres. Cuando volví a la universidad para estudiar psicología, nos pusieron como tarea escribir un poema sobre nosotras mismas llamado "Yo soy". Esto es lo que escribí:

> Yo soy una mujer entre vidas.
> Nunca me pasé el tiempo,
> mirando lo que hacían otros,
> sino haciendo lo que inspiraba a los demás.
> No permití que nada controlara mi vida,
> más bien, tomé las riendas de mi destino.
> A veces cuando ganaba, perdía.
> A veces cuando perdía, ganaba.
> Conté historias que solo yo podía contar
> e hice del temor y el fracaso mis mejores amigos.
> Soy un cisne.
> Ya no tengo nada que probar. No necesito hoja de vida.
> Me ha tomado mucho tiempo
> Ser quien soy.
> Pero al fin puedo decir:
> Soy Nely y soy emprendedora. ¡Trabajo por mi propia cuenta y soy libre!

Voy a pedirte que hagas otro ejercicio. Escribe tu propio poema que empiece con "Yo soy... ", y termine con lo que tú eres y con tu declaración de ser emprendedora. Luego compártelo con nosotras en theadelantemovement.com o adelanteemprendedora.com. Estamos impacientes por leer todo tu viaje.

El poder no te lo entregan, se toma

LA VIDA ES UN ROMPECABEZAS QUE SE REVELA lentamente. Llegamos a una encrucijada en la carretera, un lugar donde tomar a la izquierda o tomar a la derecha puede cambiar toda la trayectoria de nuestras vidas. Con el tiempo, si somos afortunadas, veremos esos momentos definitivos como los eventos que nos hicieron lo que somos y nos mostraron quiénes podíamos ser. Cuando pienso en los momentos que han sido como peldaños de mi propia vida, recuerdo la historia de la vendedora de Avon como la primera vez que me sentí autosuficiente; la vez que fui acusada de plagio porque me enseñó el valor de hablar claro para defenderme; y cuando entendí por primera vez lo que significa tener una participación en la propiedad de mi propia carrera.

Tenía veintidós años cuando me convertí en directora de una pequeña estación de televisión en español, WNJU, con base en Teterboro, New Jersey, para una audiencia de diez millones de latinos en el área metropolitana de Nueva York. Llevaba cinco años trabajando en televisión, en diversos empleos y ciudades de todo el país, y finalmente me había abierto paso hasta un trabajo que me encantaba. Siempre había sido un pez pequeño en una laguna grande, y ahora era un pez grande en una laguna pequeña. Ese trabajo lo era todo para mí. Era pura acción. Sentía que estaba aprendiendo y creciendo todos los días. Estaba creando programación para mi propia comunidad. Me reunía con los anunciadores e inventaba sobre la marcha, lo que me parecía realmente emocionante. Estaba aprendiendo a crear un negocio con dinero ajeno. El *Daily News* de Nueva York hasta publicó un artículo sobre la estación, la cual llamó "la joya de la ciudad" y se refirió a mí como un "misil cubano" —la directora más joven de todo el país. Aunque trabajaba veinticuatro horas diarias y no tenía vida, pero me sentía como si hubiera muerto e ido al cielo porque me fascinaba mi trabajo.

Llevaba tres años en ese trabajo cuando una mañana al llegar, encontré a uno de mis jefes sentado frente a mi oficina. La telenovela de la mañana pasaba silenciosamente en las pantallas. Me pregunté qué habría hecho mal. El señor me saludó, entró a la oficina conmigo, cerró la puerta y anunció muy contento:

—Vendimos la emisora. Un negocio muy importante. ¿No te parece excelente? —Siguió hablando, pero yo me había desconectado.

Estaba estupefacta, pensando, "¿Excelente para mí? ¿Por qué?". Corrí al baño y vomité. La ansiedad me ahogaba. Todo lo que podía pensar era "¿Qué va a pasar conmigo? ¡Voy a perder mi trabajo!".

Muy pronto, mi temor se convirtió en ira. ¿Cómo es que mi jefe había vendido la compañía sin siquiera decirme? ¡Yo era parte del equipo! ¡Yo ERA la compañía!

Impulsivamente, salí del edificio, subí a mi auto y llorando conduje por el puente George Washington hacia Manhattan, a las oficinas centrales, para confrontar a mi jefe. Subí en el ascensor los catorce pisos, empujé a un lado a su asistente e irrumpí en su oficina. Encontré a mi jefe al teléfono, muy contento, divirtiendo a su interlocutor con la historia de la venta. Y le espeté:

—¿Cómo me hiciste esto? ¿Por qué no me dijiste? —Ahí se me cortó la voz y empecé a llorar. Mala jugada.

El hombre alzó la mano con la palma hacia mi cara —una señal de pare— para silenciarme.

—Jovencita —dijo—. Esas son nuestras fichas. ¿Quieres jugar? Búscate tus propias fichas. Empieza tu propio negocio.

Estaba desolada. En ese momento, lo odié. "Imbécil", pensé mientras salía, humillada y sintiéndome como una niña estúpida. "¿Consigue tus propias fichas?". Había sacrificado tres años de mi vida a ese trabajo, cero salidas, cero películas… era una hormiguita que trabajaba las veinticuatro horas al día, con pretensiones.

Ya calmada, me di cuenta de que ese tipo acababa de hacerme un gran favor. Me había enseñado una lección importante: hasta ese momento, había vivido atada a la idea de que debía ser empleada de alguien. Pero en fracciones de segundo, se me iluminó todo y supe que tenía que pensar más grande. Necesitaba pensar como propietaria.

Durante tres años, había estado perfectamente feliz esclavizada administrando este negocio para mi jefe. Ni en mis pensamientos más descabellados se me había ocurrido que el trabajo de mis sueños podría desaparecer de un día para otro o que mi jefe no se encargaría de mí. Decidí que no quería tener otra vez algo por lo que había trabajado tan duro para que me lo arrebataran. No iba a permitir que eso volviera a ocurrirme jamás. En ese punto y hora decidí que sería mi propio jefe y empezaría mi propio negocio. "¡Consigue tus propias fichas!" sería mi grito de batalla.

REDUCE TUS GASTOS
GENERALES, PARTE I

. . . .

UNA VEZ RECUPERADA DEL CHOQUE DE PERDER MI TRABAJO, EL prospecto de construir mi propio negocio se convirtió en algo realmente emocionante. Mi instinto de supervivencia se activó. Recuerda que siempre he pensado como inmigrante. Todo ese tiempo había ahorrado dinero y, afortunadamente, cuando se terminó el trabajo de la WNJU, recibí un buen paquete de indemnización por despido que era equivalente a un año de salario. Parte del paquete me permitía conservar el auto de la compañía. Recordé que en otra ocasión mi jefe en WNJU me había dicho, "Cuando yo tenía tu edad, reduje mis gastos generales y empecé un negocio". De modo que estudié cuidadosamente mi realidad económica y traté de determinar cómo reducir mis gastos y generar algo de efectivo que pudiera invertir en mi arranque.

Vivía en la ciudad de Nueva York; ¿para qué necesitaba un auto? Así que lo vendí. Me mudé de mi costoso apartamento en el Upper West Side a uno de cuarto piso, sin ascensor y con alquiler controlado, en el East Village, justo encima de un bar de mala muerte pero de moda llamado McSorley's. Mi apartaestudio era diminuto, pero me costaba solo trescientos dólares al mes. A finales de la década de 1980, el descarnado East Village era el centro de la escena punk de Nueva York, lleno de artistas y de gente interesante —y ligeramente peligrosa— pero realmente excitante y electrizante para una chica soltera en sus veintes. Mis padres, sin embargo, estaban aterrados.

En mi trabajo con la WNJU, había viajado a Latinoamérica para conseguir programas para la estación, y decidí que mi nuevo negocio sería una compañía productora que creara programación original para latinos. Las emisoras siempre andaban en busca de contenido, en Estados Unidos nadie estaba creando programación auténticamente latina y vi en el mercado el vacío de esa necesidad no satisfecha; en otras palabras, una buena oportunidad de negocios.

En los cuatro años siguientes, mi compañía no produjo un centavo. En serio; ni un centavo. Yo andaba por todas partes, tratando de que otras estaciones y redes de televisión compraran mis ideas para shows, pero nadie quería. Aún así, me resistía a abandonarla. ¿Por qué? Por otra cosa que mi antiguo jefe me había dicho y aún resonaba en mi cabeza: "Cuando tenía tu edad, empecé un negocio, y me tomó diez años hacer dinero". "Bueno", pensé, "solo estoy en el cuarto año". Era muy orgullosa y testaruda, y me había convencido a mí misma de que esto era que lo que debía hacer.

Mientras tanto, entré a trabajar a tiempo parcial como productora —oficio conocido en el medio como *stringer*— para una filial de CBS en Filadelfia, donde ahora estaba trabajando otro antiguo jefe. Produje segmentos que podían intercalar entre las noticias. Con el dinero que ganaba haciendo eso sumado a mis ahorros, y gracias a mis reducidos gastos generales, pude defenderme.

ESCUCHA TU VOZ INTERNA, PERO ABRE LA MENTE PARA ESCUCHAR BUENOS CONSEJOS

. . . .

MIS PADRES CREYERON QUE HABÍA ENLOQUECIDO. MI MADRE LLAmaba y me decía, "Mi'ja, te estás consumiendo. Necesitas conseguir un esposo. ¿Por qué no tomas un trabajo? *Todo el mundo* trata de darte trabajo y tú sigues diciendo que no". Pero yo no le hacía caso. El East Village explotaba de energía creativa y todos mis amigos músicos, escritores y libretistas, estaban tratando de convertir sus talentos en carreras profesionales. Mi vida era emocionante, pero por dentro me sentía fracasada. Tenía que admitir que el sueño de tener mi propio negocio no se estaba cumpliendo. Tuve peleas con Dios, plegarias furiosas en las que le preguntaba "Dios, ¿no puedes tirarme un hueso? Soy una chica buena, ¿por qué estás en contra mía? ¡Solo tírame un negocito! Algo —cualquier cosa— ¡y lo tomaré como una señal!".

Pues tuve mi señal. Una de mis más queridas amigas, Concepción Lara, se convirtió en ejecutiva de HBO y me enganchó. Finalmente estuve en el lugar indicado a la hora indicada. HBO se estaba preparando para lanzarse en Latinoamérica y requería de la orientación de alguien que conociera el mercado. ¡Y yo conocía el mercado!

Pocos meses después, Bernard Stewart, gran jefe de ESPN International, había oído de mi trabajo con HBO y ofreció contratarme para ayudarle a lanzar ESPN Latino. Él quería que yo produjera los segmentos de promoción y comentarios deportivos complementarios para la red en español. Yo dije:

—Sólo hay un problema: no me gustan los deportes. No sé nada de deportes.

—Nely, esto es algo grande —dijo Bernard—. Voy a hacerme el sordo. Por qué no te consigues un tutor de deportes por un mes y aprendes todo lo que puedas de la terminología deportiva, como si estuvieras aprendiendo un idioma. Ve a hacerlo y vuelve y agarra el contrato.

Fue un gran consejo. Memoricé la terminología deportiva y regresé e hicimos el trato. ESPN me dio una oficina en Connecticut. Yo empecé a montar un canal, y ESPN me pagaba bien por hacerlo. Todavía no tenía mis propias fichas, no realmente, pero estaba contenta porque estaba ganando dinero y progresando.

Entonces Concepción se pasó de HBO a Fox, y le contó a la gente de allí sobre mi trabajo con HBO y ESPN. Poco des-

¡ADELANTE!

¡CONSIGUE TUS PROPIAS FICHAS! ¡EMPIEZA TU PROPIO NEGOCIO!

pués, me invitaron a una reunión con un tipo llamado Rupert Murdoch, el nuevo propietario de Fox, quien había llegado recientemente a Hollywood desde Australia. Volé a Los Ángeles, y Murdoch explicó su visión de lanzar redes de Fox en todo el mundo.

—Quiero que nos ayude a lanzar todos los canales Fox en Latinoamérica, lo cual requerirá que usted trabaje para Fox tiempo completo.

Sin pensarlo siquiera, respondí:

—No quiero hacer eso. Lo que realmente quiero es producir los shows de televisión para esos canales. Quiero ser productora de televisión.

En lugar de hacer mi propio contenido, él quería que yo hiciera segmentos de promoción y material de mercadeo para el contenido de otras personas.

—Está equivocada —dijo él. Quedé petrificada—. La distribución viene antes del contenido. Si realmente quiere ser la reina del contenido, necesita ser uno de los actores clave de esos canales.

Yo quedé ahí sentada muda como una piedra. Él estaba tratando de decirme que se debe caminar antes de volar. Todo el mundo quiere hacer programas de televisión, pero yo necesitaba probarme haciendo el trabajo básico de televisión primero. Ese era el trabajo que me estaba ofreciendo. No era sexy, pero era lucrativo.

Había estado atascada cuatro años. No había podido echar a andar mi negocio. Lo que no veía era que en mi modelo de negocio había algo equivocado. Entonces alguien que realmente sabía del negocio, lo deletreó para mí. Y lo importante es que lo escuché. Murdoch se convirtió en mi mentor. Entendí que él tenía razón y que yo necesitaba ajustar mi enfoque. En los negocios eso se llama "girar". Es muy raro que un emprendedor nuevo vaya de cero a sesenta sin tener que girar. Ahora sabemos que en la era digital es casi imposible triunfar sin renovar el enfoque muchas veces antes de que quede listo y todo haga clic.

Acepté la oferta de Murdoch, pero en lugar de entrar a Fox y trabajar con él como una empleada, negocié un trato en el que Fox subcontrataría el negocio con mi compañía. Era una versión más grande de mi convenio con ESPN. ¡Qué desfachatez! ¿Cómo negocié este trato? La pequeña inmigrante Nely no habría podido hacerlo, pero me escogí, actué como si, e hice el puente a la confianza. Pensé, "¿Qué habría hecho mi jefe de WNJU en este momento?". Y cerré el trato.

Fox se convirtió en mi mayor cliente, y además aún conservaba los trabajos parciales con ESPN y HBO. Hice el lanzamiento oficial de Galán Entertainment en 1994 y de un día para otro tuve que contratar cantidades de empleados. Tenía tres grandes clientes y atendía en ambas costas. Me mudé de Nueva York a Los Ángeles. Después de años de nada, todo despegó. Cuando se tienen clientes de renombre, todo el mundo empieza a llamar. Fue tanto lo que me tocó trabajar, que apenas recuerdo algo de los siguientes cuatro años de mi vida. Viajaba constantemente y pasé más tiempo en Latinoamérica que en los Estados Unidos. Aunque suena muy glamoroso, puedo decirles que no lo fue. Era bastante tedioso. No cambié mi estilo de vida ni empecé a vivir en grande. Compartía un apartamento en Los Ángeles con una amiga, y cada centavo que gané lo invertí en bienes raíces. Hablaré de eso más adelante.

Joy Mangano

A ÚN SIENDO UNA NIÑA, A JOY MANGANO, QUIEN inspiró la exitosa película *Joy*, le encantaba inventar soluciones para los problemas. Estudió contabilidad y una vez graduada, se encontró trabajando como camarera y gerente de reservas de una aerolínea para mantener a sus tres hijos después de un divorcio. Tratando de mantener su casa en orden, Joy acabó frustrada por la suciedad y el desaliño de los traperos comunes. Vio claramente un problema e inventó una solución: el Miracle Mop que se exprime por sí mismo. Joy tomó sus ahorros y las inversiones de parientes y amigos y usó el capital para crear un prototipo y producir un tiraje de cien unidades. Las vendió en ferias locales en Long Island y luego le vendió a QVC mil traperos en consignación. Las ventas arrancaron un poco flojas, pero Joy sabía que vendrían más; nadie sabía vender su producto mejor que ella. Persuadió a QVC de dejarla al aire para presentar su propio argumento de ventas y en menos de media hora vendió dieciocho mil traperos. Acabó convirtiéndose en una de las inventoras y vendedoras más exitosas en QVC y ahora tiene un imperio.

PERDERSE LA FIESTA
ES PARTE DEL CAMINO

• • • •

LA VERDAD ES QUE CUANDO TE DECIDES A TRABAJAR POR CUENTA propia, empiezas a perderte de un montón de fiestas y diversiones. Te encontrarás trabajando hasta tarde en la noche cuando los demás han salido a cenar. Tus jornadas serán dobles; harás tu trabajo y en vacaciones te dedicarás a desarrollar tu negocio secundario, mientras otros descansan y se divierten. Los amigos y la familia te molestarán por tu adicción al trabajo, y tú te preguntarás: "¿Y esto es todo? ¿Cuándo es que este trabajo empezará a producir? ¿Cuándo comienza mi diversión?". ¿Cuándo podré volver a ir a una fiesta?

Pero no te desanimes. Te prometo que la fiesta es donde tú estás, porque tú estás trabajando y construyendo algo. Pregúntate a ti misma, "¿Quiero pasarme la vida observando los triunfos de los demás? ¿O quiero yo ser la triunfadora?". Piénsalo.

Llegar al punto en el que finalmente tuve mis propias fichas, mi propio negocio, me tomó cuatro años de tocar puertas y trabajar todas las noches. Pero las estadísticas muestran que la mayoría de las mujeres renuncian a su sueño de emprendimiento en el segundo año. Yo quiero aumentar el número de mujeres emprendedoras que llegan a la meta; esa es mi motivación para enseñar lo que he aprendido en mi camino. Tener éxito como empresaria no es fácil, pero no lamento ni un minuto de ese tiempo. Conseguir mis propias fichas fue la mejor decisión que he tomado y espero poder persuadirte de que tú también lo hagas.

PREGUNTAS QUE DEBES HACERTE ANTES DE CONSEGUIR TUS PROPIAS FICHAS Y EMPEZAR TU PROPIO NEGOCIO

....

1. **¿Tienes suficiente dinero en el banco?**
   Cuando se está empezando un negocio, pasarán períodos en los cuales poco o ningún dinero va a entrar. Para poder sostenerse hasta el momento del éxito, es necesario tener un colchón financiero que pueda mantenerte hasta que los ingresos sean suficientes para que tu negocio sea autosostenible. Te recomiendo empezar por lo menos con un año, pero preferiblemente dos años, de ingresos ahorrados. Y sí, ¡se puede hacer!

2. **¿Puedes recortar tu egreso y reducir tus gastos generales?**
   ¿Estás pagando mucho por tu casa o apartamento? ¿Puedes vivir con un pariente o compartir con una amiga? ¿Puedes arreglártelas sin auto? ¿Realmente necesitas la membresía de ese gimnasio sofisticado? ¿Puedes cocinar en casa en lugar de salir a restaurantes costosos?

3. **¿Puedes superar tu orgullo y el miedo al rechazo?**
   Yo tenía conexiones, y no me dio miedo valerme de ellas. Me tragué mi orgullo, aunque no siempre fue fácil. Recuerda que no tienes nada que perder siendo segura de ti misma y positiva y nada que ganar siendo pasiva o tímida. Aunque la respuesta que recibas sea negativa, te respetarán por perseguir lo que quieres.

4. **¿Cuentas con un respaldo económico?**
   Yo tenía una habilidad —el cubrimiento de noticias— que me permitía trabajar por mi cuenta y hacer dinero mien-

tras estaba construyendo mi negocio. Mi empleo temporal secundario era anónimo, y lo más importante es que no interfería con mi negocio principal. Y lo que haces colateralmente en realidad te ayuda a aumentar tu base de contactos y adquirir destrezas que de otra manera no podrías.

5. **¿Puedes girar y cambiar de rumbo cuando se necesite?**
Tras mi conversación con Rupert Murdoch, quedé dispuesta a aceptar que alguien sabía más que yo. Si yo hiciera todo esto hoy día, habría contratado un entrenador para que me ayudara con mi plan estratégico de negocios. Aprender a cambiar un enfoque te será muy útil. Tal vez debas girar varias veces en el curso de tu vida profesional.

6. **¿Cuál es tu ventaja competitiva?**
Yo tenía una destreza —hablaba español— y aproveché esa ventaja. También había dirigido una emisora de televisión. Esos dos activos me hicieron única en aquel tiempo; no mucha gente de televisión era bilingüe. ¿En tu caso, qué es lo exclusivo y cómo puedes explotarlo para obtener una ventaja competitiva?

7. **¿Eres flexible en cuanto al sitio donde vivir o trabajar?**
¿Estás dispuesta a mudarte dondequiera que haya oportunidad, donde esté surgiendo un negocio o mercado?

8. **¿Estás dispuesta a sacrificarte por tu sueño?**
Durante los cuatro años del inicio de mi negocio no me compré ropa nueva. Tenía cuatro atuendos básicos que eran mi uniforme (empecé a amar los uniformes en la escuela católica). No gasté dinero en joyas, viajes, o autos costosos. En lugar de eso, me sacrifiqué. Ten en mente también que a veces cuando estés trabajando para tu sueño, tu vida personal pasará a segundo plano.

9. ¿Estás lista para el largo plazo?

Me tomó cuatro años llegar al punto en que mi negocio prosperó. Trabajaba día y noche, y jamás me rendí. No permití que los reveses —y hubo muchos— me desanimaran o detuvieran. Mi seguridad de lo que estaba haciendo era lo suficientemente fuerte para mantenerme en marcha. Habrá obstáculos que superar, personas que se atraviesen, circunstancias imprevistas que pueden retrasarte. Pero debes estar preparada para capear los temporales (mira la pregunta No.1), y tu convencimiento acerca de tu meta debe ser lo suficientemente seguro para nutrirte hasta que la alcances.

ESCOGER UN MENTOR

...

He tenido muchos mentores en mi vida, pero nunca le he preguntado a ninguno de ellos si asumiría ese rol. Seamos realistas: una persona muy exitosa y autónoma, quizá no estará dispuesta a servirte de mentor en su tiempo libre, ¡así que ni te molestes en preguntarle! Me tomó tiempo darme cuenta de que realmente no necesitaba permiso; yo podía escoger la persona que quería que fuera mi mentor, observarlo u observarla, y moldearme a mí misma siguiendo su ejemplo.

Considero a Warren Buffet un mentor, ¡aunque no lo conozco personalmente! Es uno de los hombres más ricos de este país, pero también es muy centrado. Su actitud hacia la riqueza es muy discreta; no tiene yates ni aviones privados. Estoy segura de que

EL PODER NO TE LO ENTREGAN, SE TOMA

tiene buenas cosas y vive muy cómodamente, pero ha dedicado su fortuna a un propósito más elevado. Leo todo que él escribe, veo todas sus entrevistas y lo considero mi mentor.

Suze Orman es alguien que consideré mentora desde mucho antes de conocerla. Sus enseñanzas han sido esenciales para entender el poder del dinero en mi vida. He leído todos sus libros, he visto todos sus programas en televisión y he asistido a sus charlas. Como oradora y ahora escritora, me he inspirado en ella para seguir su ejemplo y agregar mi propio toque cultural a sus enseñanzas.

Si alguien con quien trabajas te inspira y te gustaría que esa persona fuera tu mentor, ofrécete para hacerle un favor. Quédate hasta tarde en la oficina, entabla una conversación, haz algo que te dé oportunidad de pasar tiempo con esa persona, escucharla en sus conversaciones y observar cómo opera en diferentes situaciones. Sé como una esponja.

Hay un interminable menú de mentores que puedes escoger entre los miembros de tu familia, compañeros de trabajo y gente en las redes sociales. Un mentor puede ser cualquiera que pueda ofrecer un diagrama para convertirte en la persona que quieres ser. Tómalo como un reto; pregúntate, ¿cómo puedo incorporar a mi manera de actuar y pensar lo que estas personas saben? ¡Qué dirían ellas? ¿Qué harían ellas? Pronto las personas que hayas admirado y de cuyas actitudes te hayas empapado, caminarán contigo. Y el día que encuentres tu voz propia, habrás llegado a un lugar muy especial ¡y estarás lista para convertirte en mentora de otras personas!

¡Adelante!

¿QUIERO PASARME LA VIDA OBSERVANDO LOS TRIUNFOS DE LOS DEMÁS? ¿O QUIERO YO SER LA TRIUNFADORA?

En tu dolor está
tu marca personal

SOY GRAN ADMIRADORA DE LA ESCRITORA CHICANA Sandra Cisneros. Probablemente ella sea más conocida como autora del clásico *The House on Mango Street* [La casa en Mago Street], pero también ha recibido premios como poeta, novelista y profesora de escritura creativa y fue favorecida con una Mac Arthur Fellowship; también conocida como la "beca de los genios". A mí me parece que ella escribe desde las profundidades de su alma, que su lenguaje es crudo y pleno de emoción y quema con una verdad incandescente. Ella y yo nos hicimos amigas hace años y me animó a que tomara uno de sus talleres de escritura. Ella pensaba que yo era la voz de una latina realmente autónoma y que debía encontrar la manera de expresarme escribiendo.

—¿Cómo hago para escribir sobre cosas que para mí son demasiado dolorosas como para hablar de ellas? —le pregunté.

—En tu dolor está la respuesta —me dijo.

Nunca olvidaré ese momento. Lo que ella quería decirme es que si se desea crear un trabajo que trascienda —escribir lo que toque una cuerda universal en las personas— debes ir a los momentos más dolorosos de tu vida. Debes escribir desde un lugar tan terrorífico para ti que tu impulso es huir. Es allí donde encontrarás tu verdad. Si puedes crear desde esa base de honestidad, tu trabajo estará destinado a hacer eco en otras personas.

Pema Chödrön, una monja budista americana cuyo trabajo admiro mucho, tiene una forma impactante de describir nuestra relación con el dolor. En su libro *When Things Fall Apart* [Cuando todo se derrumba], ella explica que lo quieras o no, el dolor va a llegar; es inevitable. A todos se nos puede garantizar dolor en esta vida. Pero ella cree que es a ese lugar de dolor donde debemos ir para encontrar nuestro verdadero llamado y nuestra misión en la vida.

Yo creo que el dolor es una puerta que se abre al crecimiento. Y que por mucho que tratemos de barrerlo bajo la alfombra, eliminarlo o proteger a nuestros hijos del mismo, el dolor es algo con lo cual debemos aprender a relacionarnos. Cuando llega, es terrible —eso lo sabemos— pero es importante ser conscientes de que algo grande puede salir de allí.

En términos de mi propia carrera, me he dado cuenta de que mis mayores éxitos han provenido de las experiencias más duras y dolorosas de mi vida. Crecí conociendo el dolor de ser una inmigrante y lo que es para una familia aprender a navegar la vida en medio de una nueva cultura. Convertí ese dolor en mi experiencia particular. Hice carrera en el mercado de la televisión latina, ayudé a lanzar diez canales de televisión en Latinoamérica, traduciendo contenido e ideas promocionales para este mercado. Eso me llevó a la oportunidad de dirigir la programación de la cadena Telemundo. Más tarde pasé a producir cientos de programas, muchos sobre personas latinas y las historias de inmigrantes y sus hijos en Estados Unidos.

Más adelante en mi carrera, produje para Fox un *reality* llamado *The Swan* [El cisne], y de nuevo canalicé mi dolor. Después de que rompí con el padre de mi hijo, caí en un agujero en mi vida; madre soltera, acababa de tener mi bebé, me sentía fea y gorda, y además muy sola. Pero asumí ese dolor y lo usé para conectarme con otras mujeres, con lo que las hice sentir menos solas y menos patitos feos mientras veían las jornadas de las concursantes que cambiaron sus imágenes en el programa.

Otro punto doloroso para mí ha sido mi lucha por abrirme paso como emprendedora. He tenido que aprender a hacer las cosas yo sola, a veces peleando para que se me tomara en serio en una industria dominada por hombres; y aprender a aceptar obstáculos y reveses y lidiar con ellos y con las realidades del temor y el fracaso como partes inevitables de mi trayecto. Nunca ha sido fácil, pero lo que ha surgido de mi dolor es mi misión: empoderar mujeres a través del emprendimiento. ¡Imagina si yo no hubiera tenido el coraje para enfrentar este dolor! Por eso es que te digo que nadie puede huir de su dolor. Hay que enfrentarlo cara a cara.

Todos luchamos con nuestros temores; forcejeamos con nuestros demonios. Es de la naturaleza humana tratar de evitar el dolor o negar que existe. Pero en realidad nadie puede evitarlo. El dolor nos conecta a todos. Es una dimensión compartida de la condición humana. Las mujeres tendemos a responder a las experiencias dolorosas en forma distinta que los hombres, y creo que eso nos da una gran ventaja porque no nos da tanto miedo hablar de nuestras experiencias. No tememos tanto desplazarnos a sitios de dolor y no tememos tanto compartir nuestras historias con otros. Me parece que a los hombres, por la forma en que son criados, y la manera en que todos somos socializados, les cuesta mucho más trabajo enfrentarse al dolor. En mi experiencia, cuando un hombre enfrenta un evento doloroso de esos que cambian la vida, como un problema de salud o la pérdida de un ser amado o la lucha con una adicción, la tendencia es a tratar de ser estoico, a reprimirlo, tragárselo. Hay una resistencia cultural a que un hombre sea vulnerable.

En el ámbito empresarial, esta es una ventaja enorme para las mujeres. Yo les digo en todos mis eventos, "En tu dolor está tu marca personal". Puedo tomar la historia de dolor de una mujer y convertirla en una idea de negocios. Lo primero que muchas de ellas me cuentan es la historia de dolor que les impide alcanzar sus metas. "Mi esposo me dejó y ahora debo mantener a toda mi familia". "Me maltrataba físicamente". "Me han despedido". "Despidieron a mi marido". "Tengo un hijo discapacitado". "Odio mi trabajo, pero debo cuidar de mis padres". "Tuve un accidente y no pude trabajar en un año y ahora tengo una deuda terrible". Ellas permiten que su dolor las detenga. (Lo que es muy distinto a lo que he observado entre los hombres, quienes prefieren fingir que el evento doloroso jamás sucedió). Yo les digo a esas mujeres:

—Querida todas tenemos una historia dolorosa. —¡Porque la tenemos!

—Claro —dicen ellas—, pero no has escuchado mi historia de dolor.

—Bueno, pero te prometo —les digo—, que no hay una historia de dolor que tú puedas contarme que yo no pueda convertir en empresa.

Sé que eso puede sonar estrambótico y contradictorio, pero es absolutamente cierto: el dolor te abre las puertas a la realización de tu marca personal y tu éxito. No importa por lo que hayas pasado, puedes construir una empresa de tu dolor, porque eres una experta en él y no estás sola en tu experiencia del mismo. Cuando conviertes tu dolor en una empresa, usas tu experiencia para resolver un problema y eso puede beneficiar a otras personas.

Yo les digo a estas mujeres que empiecen, que resuelvan un problema desde su dolor y luego encuentren un público para ese problema. Estos son unos cuantos ejemplos de la vida real:

- Está la mujer cuyos padres eran sordos, y ella pasaba mucho tiempo ayudándolos y traduciendo para ellos y sentía que no tenía tiempo para su propia vocación.

Le dije que ya tenía la vocación: iniciar un servicio de traducción para personas sordas. ¡Y lo hizo!

- En uno de mis eventos del movimiento ¡Adelante! conocí a una mujer a quien le faltaba una pierna y no tenía dinero para una buena prótesis. La animé a empezar una campaña Kickstarter que recaudara los fondos para comprar una prótesis apropiada, y lo hizo. Después se dio cuenta de que ese era el negocio que podía empezar: podía ayudar a gente en Latinoamérica a conseguir las prótesis adecuadas para ellos.

- También conocí una Dreamer —hija de inmigrantes indocumentados nacida en los Estados Unidos— que inició un blog para ayudar a otras Soñadoras a conocer sus derechos y navegar por el sistema para obtener el status protegido de Deferred Action for Childhood Arrivals, o DACA, y permisos de trabajo. El blog tiene el patrocinio de organizaciones que sostienen a Dreamers y arroja ingresos para la chica bloguera.

El dolor de la discriminación

Cuando tenía siete años, llegué de la escuela llorando porque un chico me había llamado "spic". No sabía exactamente qué era eso, pero era una manera racista de llamar a los latinos en esa época. Le conté a mi madre.

—Oh, qué tristeza me da que ese niño sea ignorante —dijo ella. Yo tampoco sabía que significaba "ignorante", pero sabía que no era bueno—. Tú vienes de un hermoso país y hablas dos idiomas. Tienes lo mejor de dos mundos porque eres americana y eres latina.

En estos tiempos polarizados, parece que en cada evento alguien me pregunta si en mi carrera he sido discriminada. Claro que lo he sido, pero jamás he permitido que eso obstaculice mi camino al éxito. Para mí, mi doble identidad lo es todo: es la razón por la cual soy exitosa, es el lente a través del cual veo el mundo, es mi experiencia y sobre ella he construido una carrera. Si eres una mujer de color o perteneces a una comunidad étnica, tú entiendes de qué estoy hablando. No es que ser discriminado no sea doloroso; lo que importa es lo que hagas con ese dolor. Y yo elijo usarlo como potencia de fuego. Tantos años después, estamos viviendo en épocas de racismo y discriminación.

Siempre recuerdo lo que decía Mami: ¡las personas que no lo entienden son ignorantes!

VER NUESTRO DOLOR CON OJOS EMPRESARIALES

. . . .

RECONOCER UNA OPORTUNIDAD DE CONVERTIR TU DOLOR EN tu marca personal no es tan duro como suena si miras el mundo a través de los ojos de una empresaria. ¿Cuáles son los elementos de una gran empresa? Estos son algunos elementos cruciales que considerar:

- **BUSCA UN VACÍO EN EL MERCADO.** Tal vez haya una oportunidad que puedas reconocer dada tu sensibilidad a un tema particular que no se le ocurriría a alguien que no haya tenido una experiencia similar. ¿Qué experiencia te define, cuál es la que te hace única? ¿Qué es lo que nadie más está viendo? Cuando yo empecé a hacer programas latinos, venía de HBO, donde me habían enseñado a contar una historia que 'solo tú puedes contar'. Me pregunté a mi misma, "¿Qué historia puedo contar en Telemundo que nadie de otro canal podría contar jamás?". Sabía que yo podría contar la historia de una mujer cubana que se casa con un mexicano y los conflictos culturales que surgen entre la parentela política. Una de las grandes redes de televisión ni siquiera conocería las diferencias entre una familia cubana y otra mexicana. Pero como yo misma las había vivido, yo podía contar esa historia.

- **IDENTIFICA A LAS PERSONAS QUE COMPARTEN TU DOLOR Y NECESITAN TU EMPRESA.** No eres la única persona en el mundo que ha pasado por esta experiencia dolorosa. Otros que han compartido tu lucha necesitan información y apoyo. ¿Cómo puedes ayudar a esas personas y satisfacer sus necesidades con tu empresa? ¿Es tu negocio un servicio que reúne médicos bilingües con pacientes que no hablan inglés?¿Es un negocio que ofrece servicios de guardería para niños a tarifas asequibles para madres solteras que trabajan?

- **CREA UNA MARCA QUE TÚ REPRESENTES MEJOR QUE NADIE.** En Telemundo, yo contaba historias de inmigrantes y sus hijos porque ese dolor lo conocía de primera mano, así que los shows eran auténticos. Y hoy en día estoy hablando de mujeres empresarias y emprendedoras porque esa soy yo. Esa es la gran ventaja de comercializar un producto o una idea que sea personal para ti. Cuando de tu dolor construyes un negocio, naturalmente eres muy apasionada por eso. Vas a pensar creativamente, a resolver problemas y quedarte ahí cuando las cosas se pongan duras porque tu idea y tu negocio son tu alma y corazón. Esto agrega una enorme cantidad de valor a cualquier marca. Es un elemento absoluto para el éxito.

Adele Horowitz

ADELE HOROWITZ DIO SUS PRIMEROS PASOS administrando los negocios de otras personas, incluida la compañía de cámaras de su padre en Manhattan. Cuando era joven, su padre a menudo le decía, "Un día serás una gran secretaria", y ella insistía, "No, Papi, yo quiero manejar tu negocio". Le tomaría unos años más y un problema que requería solución para activar plenamente su espíritu empresarial.

Madre joven, Adele se horrorizó cuando su hija llegó de la escuela con piojos. La creencia generalizada era que se debían usar champús cargados de fuertes químicos para deshacerse de los insectos. A Adele le aterraba la idea de enjabonar a su hija con una solución tóxica, así que recurrió al Internet para informarse. Después de mucho investigar y de un verano de ensayos, Adele produjo una manera infalible para deshacerse de los piojos que era absolutamente natural y efectiva.

A través de su dolor, ella identificó una necesidad —la necesidad de un tratamiento seguro para eliminar los piojos de los niños— y creó su propia marca, Licenders. Abrió un salón en Manhattan que usa utensilios de calor y su propia fórmula de champús totalmente naturales hechos con enzimas, que también vende en línea. En 2001 ella solicitó un micropréstamo de Count Me In, el cual pagó rápidamente. Obtuvo contratos con escuelas, para revisar a los chicos cuando volvían de vacaciones.

Ha tenido mucha difusión en la prensa y el número de sus referidos por información de-boca-en-boca creció y creció. En 2011 abrió otros seis salones Licender en el área de Nueva York. Tiene un robusto comercio electrónico. En 2012 reportó ingresos superiores a $1,5 millones. Últimamente Adele ha tenido nuevos obstáculos que superar porque en su espacio están entrando competidores. Ella respondió convirtiendo sus Licenders en una franquicia y actualmente está en negociaciones con diversas franquicias. ¡Una gran historia de éxito porque "en tu dolor está tu marca personal"!

VAMOS A TRASCENDER EL DOLOR

· · · ·

PARA DEJAR ATRÁS EL DOLOR Y NO VERLO COMO UN OBSTÁCU-lo, es necesario aceptarlo. Esto es lo que me gustaría que entiendas: si no te hubieran ocurrido cosas dolorosas, no serías la persona que eres ahora. No se sale de una experiencia dolorosa sin haber cambiado en algo.

Lo siguiente es que debemos estar dispuestas a revisitar el dolor de nuestro pasado para iniciar su sanación. Debes examinar las relaciones, empleos y acontecimientos difíciles que están en tu pasado. Como dije antes, creo que la vida es un rompecabezas que se va revelando lentamente. Si lo miras con detenimiento, muy posiblemente descubrirás un patrón o reconocerás una relación de causa-y-efecto: si A, B y C no hubieran ocurrido, tal vez no habrías estado preparada para E y F. Mediante la introspección, intentamos ubicar las piezas del rompecabezas.

La mejor manera de hacer esto, es hablarlo con alguien en quien confíes. Para mí, fue trabajándolo con un terapeuta y salí deseando haber empezado esa terapia mucho antes en mi vida. Pero para ti, podría servir que trabajes con un entrenador de vida *[life coach]* o incluso hacer tus confidencias a alguien amigo de quien te puedas fiar. Si deseas explorar la terapia pero te asusta el gasto, quiero contarte que puede ser más asequible y accesible de lo que piensas. Puede ser que tu seguro de salud cubra una parte, pero otra opción es investigar en tu área los programas para grado en psicología. En la mayoría de las ciudades hay bastantes estudiantes graduados de sicología que ofrecen sesiones de terapia sin costo alguno, como parte de su trabajo de curso. Yo te recomendaría que busques un facultativo de terapia cognitiva conductual o TCC (acrónimo en inglés: CBT). La TCC es orientada a la acción —es como el *life coaching*— y va en línea con lo que en este libro te estoy pidiendo que hagas: toma acción primero, y tu pensamiento y comportamiento seguirán el ejemplo.

VAMOS A HACER LAS PACES CON NUESTRO PASADO

· · · ·

EN LA FACULTAD DE PSICOLOGÍA, YA EN LA UNIVERSIDAD, UNO de mis profesores nos puso una tarea interesante. Nos pidió hacer una lista de todos los resentimientos que hemos albergado contra distintas personas a lo largo de nuestras vidas. Personas que nos abandonaron, o nos esquilmaron en un trato, o dejaron de ser amigos nuestros y no nos devuelven las llamadas. Luego nos pidió hacer una lista de las personas a quienes podríamos haber herido. Me he apropiado de este ejercicio y lo incorporé en mis seminarios. Le pregunto a mis empresarias en ciernes ¿quiénes son los terroristas de sus vidas? Las personas que cuando aparecen en tu vida parece que llevaran granadas emocionales en los bolsillos, y piensas, "¡Con esta persona no puedo siquiera estar en el mismo salón!". Luego pregúntate, ¿quiénes son las personas que pueden sentir lo mismo con respecto a ti? Tal vez no sea culpa tuya. A lo mejor eras jefe y tuviste que despedir a alguien. En mi caso, pienso en los hombres a cuya relación conmigo puse fin. Cuando haces las lista de quiénes son tus terroristas y a quiénes has aterrorizado tú, tal vez encuentres que la de los que tú has aterrorizado sea la más larga.

Hacer las paces es un paso importante en el proceso de volverse emprendedora. A veces ayuda disculparnos con aquellos que hemos herido. Puedes escribir una carta diciéndole a la persona todo lo que sientes. Ni siquiera tienes que enviar la carta; tal vez el mero acto de reconocer que le hiciste daño a alguien, o de que él o ella te hicieron daño a ti, sea suficiente para saldar cuentas con lo sucedido y seguir adelante. En el proceso, quizá pienses diferente con respecto a esas historias de daño y te preguntes, "¿En realidad estaban hiriéndome a propósito?". Todos somos humanos, todos estamos haciendo lo mejor que podemos, y no podemos permitir que las heridas del pasado atrasen nuestro crecimiento. Este ejercicio es una manera de borrar el tablero. Es de purificación. Es de prepararse para comprometerse a cambiar, a evolucionar.

Sea que envíes esa carta o que la quemes y realices una ceremonia que saque todos esos males en una nube de humo, el resultado es que tú salgas de la posición de víctima. El trabajo que estás haciendo es para llegar al punto de independencia y ser responsable de a dónde te lleva la vida. No eres la víctima de tus experiencias de vida.

EJERCICIO:

Convierte tu dolor en algo grande

Piensa en tres experiencias dolorosas de tu vida, grandes o pequeñas, que te hayan afectado. Escribe acerca de esas experiencias, captando todos los detalles que puedas. Puedes escribirlo como notas; no tienes que redactar una historia perfecta, pero procura incluir todo por lo que pasaste, física y emocionalmente. Haz una nota con lo que sea que desees haber hecho de otra manera. ¿Qué resultado habrías esperado? ¿Quién más participó y cómo respondió —o no respondió— a tu situación? ¿Qué salió mal? ¿Qué no vieron las personas?

Ahora, imagina un escenario similar en el cual las cosas vayan mejor. En esta versión de la historia, ¿qué hiciste tú o alguien más para aliviar el dolor que experimentaste? ¿Cuál fue la solución? ¿Es un nuevo tipo de compañía o producto? ¿Es una app? ¿La solución podría ser una comunidad o grupo de apoyo que se construya alrededor de ese dolor?

Por último, ¿puedes ver una forma de convertir este dolor en ganancia? ¿Hay algún negocio que puedas idear y que sirva a ese dolor y al público para este dolor en una forma que ayude?

Gloria Arredondo

LOS PADRES DE GLORIA ARREDONDO SE DIVORCIA-
ron cuando ella tenía cinco años de edad. Ella se acuer-
da de estar aferrada a las piernas de su padre, rogándole
que no se fuera, aunque él era un alcohólico y no había
estado mucho tiempo presente desde que ella nació.

Gloria emigró a los Estados Unidos desde Guanajua-
to, México, a los catorce años con su madre y dos hermanos. Llegó sin saber inglés, pero era tan brillante y
aplicada que en solo dos años se graduó de la escuela
secundaria y empezó a tomar clases en el community co-
llege. Recibió un grado de licenciatura a los dieciocho y
se ganó una beca para California State University, donde
estudió ingeniería mecánica. Ella era la única mujer en el
programa y la única hispana. Se graduó en 2001.

Tristemente, se casó con un hombre que la maltrataba físicamente, estuvo casada catorce años y solo se
separó cuando él le pidió a ella el divorcio. Gloria quería
desesperadamente mantener la familia unida debido a
un hijo con necesidades especiales.

A Gloria le tomó más de un año después de que su
marido se fuera, para empezar a tener una visión clara
de las cosas. Se dio cuenta de que durante su matrimonio ella había dejado de amarse a sí misma. Ella se veía
en el espejo y le parecía estar mirando un monstruo. No
podía dejar de subir de peso. Odiaba a la persona en la
que se había convertido.

Gloria se dio cuenta de que toda su vida se había amoldado para satisfacer las necesidades y deseos de alguien más. Para abordar los cambios que quería hacer en su cuerpo físico, tuvo el buen tino de contratar los servicios de entrenadores físicos capacitados para tratar víctimas de trauma. El hecho de soltar el maltrato y dolor físico que estaban atrapados en su cuerpo ayudó cuando nada más había podido hacerlo, y también activó la idea de un negocio.

Ella asistió a talleres y seminarios en los que aprendió varias técnicas para sanación emocional. Estaba enganchada. Se dio cuenta de que todo lo que había sucedido en la vida la había traído hasta este momento y que podía usar su dolor para ayudar a otras personas. Se capacitó como entrenadora física para traumas y ahora tiene su práctica privada. Ha escrito varios libros, dicta charlas, es presentadora de un programa de radio sobre el tema en el cual ella tiene una experiencia exclusiva.

El secreto
de la vida está en
tu misión y tu dinero

TU MISIÓN ES LO QUE SEA QUE LE DÉ PROPÓSITO Y significado a tu vida y te traiga alegría.

Tu dinero es lo que tú haces para sostenerte a ti y tu familia.

Tu dinero y tu misión son caminos que recorres en tu vida, y no siempre van alineados. Puede ser que durante años corran por vías paralelas, hasta el día en que tengas suficiente dinero para dedicar tu energía y tus recursos exclusivamente a tu misión. Si eres afortunada, tu misión también te traerá dinero. Pero es raro que sea así. Y no puedes permitirte sacrificar tu dinero por tu misión; quiero decir, hasta que tengas suficiente dinero. ¿Me explico?

Para ser clara: El dinero debe ir primero para que puedas cumplir tu misión.

Escúchame: no hay que amar cada cosa que haces en cada etapa de tu vida. Hay muchas cosas que hacemos para avanzar en nuestra carrera que no necesariamente amamos. Quizás tú eres naturalmente buena en algo que te produce dinero, pero no es necesariamente tu pasión. ¿Pero sabes qué? Puede ser gratificante hacer dinero con algo en lo que eres naturalmente buena mientras por los laditos vas cultivando lo que amas.

Aprender a cuadrar la misión y el dinero es especialmente importante cuando eres joven y estás empezando tu carrera. En ese punto, mientras estás haciendo lo que tengas que hacer para ganar dinero, también deberías estar cultivando tu misión cada vez que puedas. Cultívala. Cultívala. Cultívala. Dicen que para adquirir maestría se requieren diez mil horas. Lo que es un estimado aproximado. Si tu misión es ser escritora o actriz, lo más probable es que no vayas a hacer dinero con eso enseguida, así que debes tener una forma de hacer dinero mientras desarrollas las destrezas que necesitas para perseguir tu pasión.

En mi carrera en la industria del entretenimiento, he visto mucha gente creativa enfocarse exclusivamente en su misión, sólo para pasar hambre un par de años y luego rendirse. Y tal vez no habrían sido tan rápidos en renunciar a sus sueños si hubieran tenido planes económicos que sostuvieran su evolución como artistas. Cuanto más apoyo tengas, más probable será que vayas a poder cultivar lo que te produce gozo en el largo plazo.

Aquí tienes una gran historia real: Jeremy Renner, estrella de *The Hurt Locker* y *The Bourne Legacy*, ha sido nominado dos veces al Premio de la Academia, pero cuando era un aspirante a actor, no quería quedarse atascado en un punto donde pasara hambre y se viera obligado a aceptar roles que no quería. De modo que para hacerse un colchón financiero que le permitiera esperar el papel perfecto, empezó a trabajar en construcción. Trabajaba para un grupo de contratistas latinos y aprendió el oficio bastante bien. Y por añadidura, aprendió español. Trabajó entre gente con muy diversos antecedentes y experiencias de vida distintas a las suyas, las cuales pudo observar de cerca y aplicar en su trabajo de actuación. Después de un tiempo, tomó el dinero que había reunido en su trabajo de construcción y ahorró suficiente para empezar a comprar casas baratas en barrios menos favorecidos de Los Ángeles. Durante la semana, trabajaba con los latinos del equipo de construcción, y en los fines de semana trabajaba en la restauración de sus propias casas. Con el tiempo, empezó a vender las casas restauradas y a hacer dinero. Además su trabajo de construcción le permitía horarios flexibles así que podía dejar esos trabajos en espera cuando tenía uno de actuación. Eventualmente, actuando empezó a ganar dinero en cantidad suficiente como para que su misión y su dinero se alinearan.

Me encanta la historia de Jeremy porque es la ilustración perfecta de que a veces misión y dinero pueden evolucionar al mismo tiempo que tú evolucionas, pasando de ser caminos totalmente separados a caminos que ocasionalmente se cruzan y a caminos perfectamente alineados. Todos somos distintos y cada quien debe encontrar su propia fórmula para equilibrar misión y dinero, pero definitivamente se puede. Si no, pregúntale a Jeremy.

Mariah Kirstie

AQUÍ TIENES OTRA VERSIÓN DE LA HISTORIA DE Jeremy Renner. Mariah Kirstie, de veinticuatro años, es una aspirante a actriz en Los Ángeles. En el verano de 2015, ella estaba sin trabajo, tratando de conseguir algo que le produjera un ingreso estable, pero necesitaba algo de efectivo en forma inmediata para poder mantenerse a flote. Como Jeremy, ella quería encontrar una forma de generar dinero que le permitiera tomar clases y desprenderse de las audiciones.

Mariah echó mano de cuanta destreza y activo tenía en su "caja de herramientas". Tenía un auto y su licencia, le gustaba conducir y conocía bien la ciudad, así que se dio cuenta de que contaba con los medios para convertir toda la conducción que hacía en ingreso. Se afilió como conductora de Uber y empezó a ganar dinero desde la primera semana.

Con el tiempo, Mariah también tomó un trabajo como vendedora en una tienda Nike, pero ha continuado conduciendo para Uber para complementar sus ingresos. Ahora tiene dos trabajos para generar dinero, con su misión —actuar— andando en paralelo. Entretanto, su carrera en la actuación ha despegado. Tiene un papel de actriz secundaria en la película *The Track*, la cual competirá en festivales de cine en 2016.

"HAZ LO QUE TE GUSTA HACER, Y EL DINERO LLEGARÁ" ES PURO CUENTO

....

POR ESTOS DÍAS, ASESORO COMPAÑÍAS Y ORGANIZACIONES SO-bre la diversidad y sobre problemas de mujeres. Mi trabajo me ha llevado por todo el mundo; sólo el año pasado, viajé a Cambodia, India, África y el Medio Oriente. Dondequiera que estuve, encontré mujeres y sus familias administrando negocios propios y eso me inspiró mucho. Vi gente trabajando duro para subir hasta un nivel desde el cual poder hacer sus sueños realidad. En sus ojos, vi esperanza y determinación. Quedé asombrada con su energía y recursividad. Estaban haciendo de todo y cuanta cosa se les ocurriera para mejorar su situación y tener una vida mejor.

Mientras observaba esta gente tan trabajadora, recordé una frase que en Estados Unidos se escucha bastante: "Haz lo que te gusta". Nos dicen, "Haz lo que te gusta, y el dinero llegará. Haz lo que te gusta hacer y el universo se hará cargo de ti". El adagio se atribuye al académico Joseph Campbell, quien escribió *The Power of Myth* [El poder del mito], pero la cita real de Campbell es "Haz lo que te gusta y no temas, porque se abrirán puertas donde ni siquiera sabías que las habría".

Ahí tenemos una distinción importante.

La popular idea americana —de que si haces lo que amas, el éxito está asegurado— es, para decirlo crudamente, una manera arrogante, primermundista, de pensar en el éxito. Es parienta cercana de "el deseo lo hace posible". ¿Las familias que vi en mi viaje luchando por una vida mejor estaban haciendo lo que les gustaba? ¡No necesariamente! Lo que vi fue una disposición y determinación de trabajar duro, una actitud de puedo-hacerlo, debo-hacerlo con la cual me sentí muy identificada. Estas personas no estaban esperando a que nada ni nadie se hiciera cargo de ellas; ellas se estaban haciendo cargo de sus propias vidas.

Se me ocurrió que las mujeres en países emergentes están más preparadas para la revolución de emprendimiento porque ya están en primera línea de la batalla por la autosuficiencia. No tuvieron otra opción. Su realidad se los exigía, igual que a las mujeres que llegan aquí de otros países para hacer una vida mejor para sus familias. Esas mujeres están demasiado ocupadas haciéndose cargo de los negocios, como para andar persiguiendo su felicidad. Esa es la ventaja del inmigrante: su mezcla de optimismo y valores aterrizados, atada al imperativo práctico de ganarse la vida y mejorarse a sí mismo. Primero hay que ganar dinero y después volvemos a nuestras misiones y hacemos lo que nos gusta. Y estos son los ingredientes básicos del Sueño Americano.

¡ADELANTE EMPRENDEDORA!
UNA HISTORIA REAL: Kathy Cano-Murillo

EN 1990, CUANDO KATHY CANO-MURILLO CON-trajo matrimonio, ella y su esposo soñaban con dedicar sus vidas al arte, la escritura y la música. Con ese fin, empezaron a producir artículos para el hogar con toques latinos. Por casualidad, conocieron a un representante de ventas que llevó muestras de su línea a ferias en Los Ángeles y Nueva York. Pronto empezaron a llegar pedidos desde más de trescientos clientes, y Kathy y su esposo no alcanzaban a manufacturar suficientes productos para satisfacer la demanda. Con dos niños pequeños y un plan de negocio incompleto, se vieron obligados a reducir su negocio.

Kathy dejó el negocio de los productos para el hogar y se empleó medio tiempo como archivadora en la sección de crónicas de *The Arizona Republic*. Trabajaba duro, y estar en la sala de redacción la inspiró a convertirse en reportera, así que cuando se produjo una vacante en recepción de noticias, ella se presentó, aun cuando temía no estar calificada para el trabajo. Porque su ética de trabajo y entusiasmo eran evidentes, ella pasó a la entrevista, aunque no tenía siquiera un grado de bachiller; claro requisito para el trabajo. Kathy brilló en esa entrevista y obtuvo el cargo.

A Kathy le encantaba ser recepcionista de noticias, y eso la llevó al sueño de ser reportera. Un día en que el editor estaba teniendo dificultades para encontrar a un reportero para un trabajo específico, Kathy aprovechó la oportunidad, y pronto empezaron a asignarle historias. Ya en este momento, el director editorial le dijo a Kathy que tenía que invertir en ella misma: debía volver a la universidad y obtener su título. Kathy estaba dudosa porque el trabajo y su familia ya tomaban tanto de su tiempo, pero el editor insistió en que en el largo plazo sería bueno para ella, y el periódico ofreció pagar sus estudios. Kathy fue a la escuela nocturna durante tres largos años y obtuvo un título en periodismo. Fue ascendida a reportera de crónicas y le dieron sus propias columnas sobre artesanías y cine, dos de sus pasiones.

La columna de artesanías de Kathy fue todo un éxito y en 2001 ella empezó a promocionarse a sí misma —escribiendo cartas a estaciones de televisión locales y blogueando como Crafty Chica—. Ella blogueaba acerca de su vida y los proyectos en los que estaba trabajando, y siempre se aseguraba de enlazarse con sus artículos sobre artesanías en *The Arizona Republic.* Pronto las visitas a sus artículos empezaron a multiplicarse y la gente comenzó a tomar nota de ellos. Apareció en las noticias de la televisión local y su columna de artesanías fue sindicada. Ella buscaba periódicamente, en la creciente lista de sus seguidores en su cuenta de Twitter, a alguna persona de los medios. Cuando reconocía a alguien relacionado con los medios, se iba directamente a esa persona, en busca de oportunidades para promover la marca Crafty Chica. Este escrutinio dio excelentes resultados: produjo una reseña ¡en *The New York Times!*

"Siempre esperaba hasta que todo el mundo se hubiera dormido y entonces trabajaba en mi negocio todas las noches", dice Kathy. Eso es lo bueno de trabajar en línea: ¡no hay que salir de casa para hacer que la magia suceda! ¿Su meta? ¡Ella quería hacer de craftychica.com la CNN de la creatividad! Ella usó a Tyra, Oprah, Martha y J.Lo como modelos de su marca porque ellas saben cómo mantener sus productos frescos y variados. Empezó a vender en su sitio web artesanías de inspiración mexicana hechas en casa, creó videos de Crafty Chica en YouTube, y le ofrecieron un contrato para un libro. Pronto fue invitada a hablar en una gran convención nacional de artesanías y tuvo una oferta para trabajar en una línea de producto para Michaels. iCrafty Chica estaba haciendo negocios!

Kathy dejó su trabajo en el periódico en 2007 para dedicarse a Crafty Chica de tiempo completo. Fue inteligente y estratégica en cuanto a la extensión de su marca: escribió siete libros de artesanía y dos novelas —publicadas por grandes editoriales— y lanzó una serie en la web para Lifetime en línea. Su línea de productos Crafty Chica se sigue vendiendo en Michaels, ella lleva un crucero de arte anual a México, iy está desarrollando una línea de regalos Crafty Chica de tazones, velas y marcos! Kathy piensa que el secreto de su éxito ha estado en haber identificado un mercado que estaba desatendido —el de las latinas— y haber llenado ese vacío.

Todas estas empresas eran sólo sueños que Kathy convirtió en metas y luego en planes de acción. Ella fue decidida y persistente. Aprende una lección de Kathy: adopta la tecnología y todos los recursos que la web tiene para ofrecer; ies gratis! Persigue tu pasión (pero mantén tu trabajo diurno). Esta vida es la única que tienes; aduéñate de ella y festeja tus dones y talentos. Vive la vida que amas. iEncuentra tu felicidad!

¿QUÉ ES TU DINERO?
¿CUÁL ES TU MISIÓN?

· · · ·

SI TRABAJAS EN ALINEAR TU DINERO Y TU MISIÓN, NO PASARÁ mucho tiempo antes de que empieces a verte a ti misma en forma diferente. Dinero y misión estarán en equilibrio en tu vida y te sentirás completa. De modo que hazte las siguientes preguntas:

DINERO

- ¿Cuáles son tus destrezas y habilidades naturales?
- ¿Cómo pueden producirte dinero esas destrezas y habilidades?
- Hay un negocio secundario que puedas empezar y te produzca dinero?

MISIÓN

- ¿Qué te gusta tanto hacer que lo harías gratis?
- ¿Puedes cultivar esta cosa, tu misión, y al mismo tiempo hacer dinero?

No compres zapatos, compra propiedades

Sex and the city es uno de mis programas favoritos de todos los tiempos. Si tú fuiste fan, estoy segura de que recuerdas a Carrie Bradshaw refiriéndose a su "problema de abuso de sustancia": su fabulosa colección de zapatos. Cuando ella rompe con su novio, se da cuenta de que no puede comprarse un apartamento propio porque ha gastado cada centavo que se ha ganado en zapatos de lujo. Carrie va al banco y pregunta: "¿Por qué no pueden darme un préstamo? Miren, yo he producido dinero". Y el banquero dice, "Los zapatos no son una garantía prendaria para un apartamento".

"¡No compres zapatos, compra propiedades!", quiero decirles a las Carrie Bradshaws del mundo. Este es un consejo que quiero que las mujeres tomen literalmente: de veras quiero que salgan e inviertan en propiedades en lugar de gastar dinero en cosas desechables como zapatos, sin importar lo maravillosos que puedan ser. Pero este consejo también es metafórico. Cuando te digo que compres propiedades, quiero que tengas un sueño grande, una idea ambiciosa, algo a lo que realmente quieras dedicarte de por vida, en lugar de llenar ese vacío con una gratificación a corto plazo, como son los vestidos, zapatos y cosas que no necesitas.

Si eres una joven milenio, quiero que tus modelos a seguir sean gente como mi amiga Tara Winter, veinteañera, en Los Ángeles, quien empezó a pensar empresarialmente cuando iba a la escuela secundaria. Tara fue a una escuela en Santa Mónica, llena de hijos de celebridades, pero ella vivía con su mamá soltera y no tenían mucho dinero. Es una chica brillante. Ella es un ejemplo de alguien que, desde corta edad, fue capaz de canalizar el dolor de la carencia y lo convirtió en dinero en efectivo. Se dio cuenta de que todo el mundo en su escuela estaba a seis grados de separación de cualquier famoso en Hollywood, y muchas de sus amigas tenían madres o tías con clósets repletos de vestuario y trajes de diseñadores que ya no necesitaban. Con la ayuda de su madre, Tara empezó una tienda de eBay conocida como fullcirclefashion. com que era como un almacén de reventa en línea, en Hollywood. Ella contaba la jugosa, tentadora historia detrás de esa ropa vintage y anónimos artículos de elegante genealogía y chismografía. "Este vestido ha estado en la alfombra roja sobre una artista de cine de primera línea y largas piernas", o "En estos fabulosos zapatos anduvo una actriz rubia de telenovelas que se casó con su coestrella". Tara entregaba 60 por ciento de las utilidades a la gente que le daba la ropa, y se quedaba con el 40 por ciento. Las celebridades empezaron a contactar a Tara directamente por Instagram y Facebook porque les encantaba que dándole una vitrina fabulosa a los trajes, ella respetaba su privacidad.

Tara se volvió tan buena haciendo un negocio prácticamente sin gastos generales, que ha hecho dinero suficiente para pagarse la universidad. Ahora ella está en la mitad de sus veintes, casada con su novio de la secundaria y es madre de una bebé que ya tiene un año y su negocio sigue sólido. Con lo que produce fullcirclefashion.com pudo cubrir la cuota inicial de su primera casa. Tara es la personificación literal y figurativa del mensaje de este capítulo, ¡porque ella vendió viejos zapatos de lujo para comprarse una casa!

OLVÍDATE LA OSTENTACIÓN

· · · ·

UNO DE MIS MENTORES DE LA INDUSTRIA DEL ENTRETENIMIENTO ME dijo una vez, "No sé qué pasa con ustedes los jóvenes. Apenas empiezan a hacer dinero, lo usan para comprar cosas ostentosas. Todos ustedes viven en la ostentación". Creo que lo que estaba tratando de decirme es que veía un montón de latinos y afroamericanos que compraban joyería y cadenas de oro y autos costosos apenas alcanzaban el éxito. Entiendo de dónde venía su comentario, pero comprendo plenamente el dolor de venir de otra cultura y sentirse un forastero. Muchos de los que venimos de ambientes étnicos que suelen ser estereotipados por los demás, sentimos que tenemos que "mostrar" nuestro dinero para que se nos permita el acceso a exclusivas tiendas o clubes o incluso escuelas.

Ese mismo jefe —afroamericano, por cierto— también me aconsejó comprar bienes raíces. "Si yo tuviera que volver a hacerlo todo, eso es lo que haría", me dijo. "Empezaría a comprar propiedades apenas pudiera. Y mi casa la habría comprado de última". Cuando me lo dijo, no le encontré sentido, porque la sabiduría convencional sostiene que la meta es ser dueña de tu propia casa. Pero él me explicó: "Yo compro bienes raíces comerciales. La idea es que tus propiedades te produzcan una renta. Si compras un edificio, puedes alquilarlo, y ese alquiler te provee un ingreso. También te puedes comprar una casa, pero hasta que la vendas, consumirá tus reservas. Y te vuelves emocional con respecto a ella. En cambio si alquilas un edificio, los inquilinos pagan todos los gastos del edificio". Escuché eso una sola vez y con esa tuve. Lección aprendida.

REDUCE TUS GASTOS GENERALES, PARTE II

• • • •

EN UN PRINCIPIO, ME DESVIÉ UN POCO DEL CONSEJO DE MI MENTOR porque con el primer dinero que gané, compré un apartamento en Miami para mis padres. Los latinos creemos en la importancia de cuidar de nuestros padres primero. Es nuestro deber. Sé que esto también se practica entre personas de familias y culturas tradicionalistas. Para mí, asegurarme de que mis padres estuvieran cuidados cuando se retiraran, era cuestión de honor. Después de comprar ese apartamento para mis padres, compré un edificio. Enseguida les cuento cómo lo hice.

Cuando me fui a trabajar para Fox, me dieron la oportunidad de alquilar espacio de oficina en el estudio de cine de la 20th Century Fox en Century City. Aproveché la oportunidad porque trabajar en el estudio era muy glamoroso y también tenía sus ventajas para el negocio. Salía a almorzar, y me encontraba con todo tipo de estrellas y magnates del cine. De camino a mi auto, veía a Denzel Washington. Corriendo a una reunión me encontraba con el elenco completo de In Living Color, incluida la joven J.Lo. O pasaba junto a una escena ruidosa y los veía montando una toma para Speed, con Sandra Bullock y Keanu Reeves. Por un tiempo, viví impresionada; me sentía parte de la historia de Hollywood.

Pero empezaron a llegarme las cuentas. ¡Por ese diminuto espacio de oficina me cobraban una fortuna! Ante estas cuentas escalofriantes que seguían llegando mes tras mes, pensé, "¿Esto es en serio? Este es dinero que podría estar ahorrando o metiéndolo al negocio o invirtiéndolo!".

De modo que empecé a buscar un edificio para comprar, en el que pudiera tener mi oficina. Buscaba un sitio barato que estuviera más o menos cerca del estudio de Fox. Todo apuntaba a Venice, una apestosa playa de la ciudad con canales de verdad... y un poco de violencia en las calles. Me pareció súper cool. A fin de cuentas, yo me acababa de mudar del East Village... ¡qué tanto era esto! En 1998, las propiedades eran muy baratas en Venice Beach. Una en particular me llamó la atención. Decir que necesitaba reparaciones es poco; necesitaba que le sacaran las tripas. Pero para mí, tenía potencial. Descubrí que era de un músico que lo había comprado por centavos, y su plan era convertir el edificio en un espacio de vivienda y trabajo, con un estudio de música en la planta baja. Cuando pregunté, me dijo que no estaba en venta. Pasó algún tiempo, yo seguía buscando, y leí en una publicación del medio artístico en Hollywood, que el músico había firmado contrato para una película y se mudaba a Londres. Bueno, ¡ya no necesitaba el edificio! Y lo contacté de nuevo. Fui persistente. Al fin, me escribió y ofreció venderlo en un millón de dólares. Le respondí: "¿Bromeas? Soy latina. Sé que compraste ese edificio por nada. ¿Estás tratando de aprovecharte?". Lo hice sentir culpable, y finalmente me lo vendió por casi nada... más un 10 por ciento.

Realmente estaba encantada de haber comprado el edificio. Pero cuando volví a contarle a mi gente, ¡se les pusieron los pelos de punta! Una mujer me dijo:

—Nely, te ha tomado tanto llegar al sitio en que estás en el estudio de Fox. ¿Por qué querrías dejar todo ese prestigio para irte a un basural en Venice?

—Dices eso porque piensas que el prestigio de nuestra compañía proviene de 20th Century Fox —le dije—. Pero aquí yo soy la pionera. Tenemos que pensar en lo que sea mejor para nuestra compañía, y lo mejor no es dejar que todo nuestro flujo de caja salga por la puerta. Podemos visitar el estudio de Fox cuantas veces queramos. Pero si un día cualquiera Fox deja de hacer negocios con nosotros, ¿dónde queda nuestro valor? Tenemos que construir nuestra propia compañía y nuestra propia marca.

Ella se quedó sin palabras. Realmente no comprendía. En su cabeza, Fox era el Príncipe Azul y yo estaba dejando su reluciente castillo para aventurarme en el bosque primitivo.

Si me hubieran dicho que mi edifico en Venice me permitiría retirarme a los cuarenta, no lo habría creído. Pero eso es exactamente lo que ocurrió. En el medio de los bienes raíces se dice que la trayectoria normal de una propiedad para valorizarse plenamente, al punto de generar un ingreso positivo, es de veinte a veinticinco años. Pero ese edificio se valorizó en menos de diez años. La renta de ésa y otras propiedades que compré posteriormente me permitieron dedicarme de tiempo completo a mi misión. Nada de esto habría ocurrido si yo me hubiera quedado alquilando en el estudio de Fox, o si hubiera comprado zapatos en lugar de propiedades.

ELABORA UNA VISIÓN PARA TU VIDA... Y SACRIFÍCATE PARA ALCANZARLA

· · · ·

ES IMPORTANTE SEÑALAR QUE EN MIS PRIMEROS AÑOS, CUANDO empezaba a invertir en bienes raíces, me sacrifiqué muchísimo. Finalmente me compré una casa, pero la mayor parte del tiempo alquilaba. No compraba muebles lujosos. No tomaba vacaciones costosas. Pero recuerda que "sacrificarse" no es lo mismo que "sufrir".

Pude sacrificarme en el corto plazo porque tenía una visión para mi vida. Cuando estaba llegando a los treinta y todavía vivía en Nueva York, fui a celebrar mi cumpleaños con un grupo de amigas a uno de esos talleres donde uno pinta cerámicas. Cada una de nosotras pintó una baldosa con una escena de cómo queríamos que lucieran nuestras vidas futuras. Nos divertimos en grande, y luego me llevé a casa mi baldosa y la guardé. Con el paso de los años, me olvidé de ella por completo.

Hace dos años, estaba revisando cosas viejas en mi clóset y encontré la baldosa. No lo podía creer. En la baldosa había una casa naranja y una oficina rosado intenso. Había un perro. También una palmera. En la otra cara de la baldosa, yo había escrito una lista de deseos: quería una casa que ya hubiera pagado y un negocio que me diera dinero suficiente para retirarme, y quería volver a estudiar. Hoy mi casa y mi oficina, famosas en Venice por su colorido, son paradas turísticas. Tengo un perro que quiero más que a mi vida. Y cumplí mi sueño de volver a estudiar. Estaba asombrada de que mis sueños y metas, que me había atrevido a escribir en piedra (bueno, baldosa), todos se habían hecho realidad. Le mostré la baldosa a Brian, y ambos lloramos como locos.

—¡Eres una bruja síquica! —dijo, entre sollozos.

—No, es sólo que tenía una visión y la hice realidad —dije yo.

Eso es lo que quiero decir cuando les digo a las mujeres que deben tener una visión de quién quieren ser, y metas claras que serán su señalización en el camino. Realmente hay que saber qué es lo que se quiere y se debe estar dispuesta a sacrificarse para conseguirlo. Pero una vez que lo has hecho, significará muchísimo para ti porque sabes que te lo ganaste. Nadie te lo dio. No te lo entregaron. No te lo pueden quitar. Lo hiciste por tu cuenta. Ese sentimiento de autosuficiencia tiene la virtud de transformar.

"No compres zapatos, compra propiedades" es muy profundo para mí. Es una muletilla divertida, pero no es chiste. Es algo que he experimentado personalmente y es un credo según el cual vivo mi vida. Y te lleva a preguntas muy importantes que debes hacerte: ¿Cuál es la visión que tengo para mi vida, y qué estoy dispuesta a sacrificar para hacer realidad esa visión?

Angie Henry

ANGIE HENRY NACIÓ EN MÉXICO Y SE MUDÓ AL otro lado de la frontera con sus padres y cinco hermanos siendo una niña pequeña. Se instalaron en una pequeña casa remolque en San Diego. El espacio era tan escaso que Angie no tenía una cama para ella; dormía en el sofá de la sala.

"Crecer fue definitivamente una lucha", recuerda ella. "Mi mamá trabajaba en invernaderos. Volvía a casa con barro hasta las rodillas y sarpullido en manos y cuello por los pesticidas". Su madre les inculcó a sus hijos la importancia de una educación. "Ella siempre le decía, 'Tienes que ir a la escuela' ", recuerda Angie. "'Tienes que ser exitosa'".

Angie pudo asistir a una buena escuela pública en una zona bastante acomodada, pero ella se sentía diferente a los demás chicos. "La maestra decía, 'Hoy cuando se vayan a casa y se sienten en su pupitre a hacer la tarea...'. Y yo no podía evitar preguntarme mentalmente, '¿Cómo voy a hacer mi tarea? Yo ni siquiera tengo pupitre'".

Angie quedó embarazada a los dieciséis, pero terminó la secundaria y trabajó en una tienda de muebles hasta que pudo comprarse su cama y escritorio y hacer planes para el futuro. Su sueño era tener casa propia.

Un día, Angie estaba en el departamento de despacho y recibo de mercancía y oyó que había un pedido de manufactura que requería coser un patrón que la compañía no podía hacer. Angie se las arregló para coserlo; ella ya era una excelente costurera. Tomó y cumplió con el pedido ella misma. Angie siguió tomando pedidos y con el tiempo contrató costureras a destajo para ayudarla con pedidos grandes, muchos de los cuales requerían bordados. Con el dinero que ganó en su negocio secundario de costura, se pagó la universidad y compró una casa pequeña que podía servirle por igual de hogar y oficina para su compañía.

En 2005, ella volvió a estudiar para obtener su licencia de corredora de bienes raíces, la cual obtuvo un año más tarde. Se afilió a NAHREP —la National Association of Hispanic Real Estate Professionals— y a la Cámara de Comercio Hispana del Condado de San Diego para hacer conexiones y encontrar trabajo en el área de bienes raíces. Mantuvo en marcha su negocio de bordados mientras trabajaba como corredora. De hecho, los bordados la mantuvieron durante la crisis económica de 2008.

Angie vino a Los Ángeles a un evento de ¡Adelante!, y me escuchó decir que las mujeres necesitan pensar como propietarias, no como empleadas. Eso tocó su fibra sensible. Se dio cuenta de que aunque era dueña de su propio negocio, con respecto a su carrera en bienes raíces, ella estaba pensando como empleada. Así que se impuso una nueva meta: tener su propia firma de corretaje, con otros agentes trabajando para ella. Sabía que era allí donde realmente haría dinero.

Angie trabajaba duro. Ella es inteligente y sus compañeros de trabajo la respetaban. Para cuando tuvo ahorrado el dinero suficiente para abrir su propia firma de bienes raíces, ya se había labrado una reputación como corredora hábil y justa, de modo que otros corredores querían trabajar para ella. Alquiló espacio en una oficina compartida y cuatro empleados de la firma donde ella había trabajado, se le unieron. Como había adquirido tanta experiencia en bienes raíces, pudo contratar bien y traducir su base de contactos en negocios inmediatos. Pronto su corretaje estaba prosperando.

El consejo de Angie para otras mujeres que quieren ser empresarias: "Confíen en su intuición y hagan lo que les dice el corazón. Conserven el norte y busquen grupos que trabajen en red y mentores que puedan ayudarlas e inspirarlas y orientarlas en la dirección correcta".

A nivel personal, el viaje de Angie para volverse una emprendedora le ha permitido hacer su sueño realidad y pasar la antorcha. "Ser dueño de su propia casa es parte del Sueño Americano", dice ella. "Darle a una familia las llaves de su nuevo hogar es como darle la llave de la felicidad. A través de mi trabajo, he podido proveer cama y escritorio a cada uno de los clientes que ha llegado a mí".

Tienes que sacrificarte. Y luego sacrificarte un poco más

Para llegar a la meta de la vida, tienes que hacer dinero, ahorrar dinero e invertir dinero para que hagas dinero mientras duermes. Hablaré de esto más adelante, pero por ahora necesitas saber que solo hacer dinero no va a llevarte a donde necesitas llegar.

Cuando empecé a invertir en bienes raíces, me sacrifiqué mucho. Finalmente me compré una casa en Venice, pero la alquilé para tener otro ingreso pues me estaba pasando mucho tiempo en Latinoamérica. Trabajaba duro y viajaba bastante por mi trabajo. Así que tomé en alquiler un apartamento para el tiempo que pasaba en Los Ángeles, y supe que más adelante llegaría el tiempo en que podría volver a mi casa, amoblarla en una forma que me reflejara y disfrutar viviendo en ella.

No me tomé vacaciones costosas. De ninguna manera me di una vida ostentosa. Me sacrifiqué conscientemente. Pude hacerlo porque tuve una visión para mi vida. Me dije a mí misma, Puedo hacerlo si estoy dispuesta a ser humilde, a sacrificarme y mantener los pies en la tierra. Estoy dispuesta a ser realista y a soñar al mismo tiempo.

¿Es posible tenerlo todo? Esa pregunta ha atormentado a generaciones de mujeres desde la alborada del movimiento feminista. Yo creo que es posible. Sólo que no se puede tener todo al mismo tiempo. Hay un tiempo en la vida para sacrificarse. Y hay un tiempo para gozar de los frutos de ese sacrificio. Pero cultivar tu sueño significa intercambiar gratificación a corto plazo por metas a largo plazo y aprender a hacerlo con alegría y con un propósito. Cuando hayas hecho tu sueño realidad cosecharás por montones los premios a tu sacrificio.

EJERCICIO:

....

¿Estás lista para ser una emprendedora que trabaja por su propia cuenta?

Usa las preguntas a continuación para hacer inventario de tu vida, pieza por pieza. ¿Qué te parece fácil? ¿Qué ha sido siempre un reto? ¿En qué quieres hacer cambios? Tómate tu tiempo para examinar muy bien las preguntas y permítele a tu mente volar sin límite; en otras palabras, estudia cuidadosamente las preguntas y anota cualquier cosa que surja en tu mente.

o **Deshacerte de la fantasía:** ¿Ya te deshiciste de tu fantasía del rescate?

o **Escuchar al miedo:** ¿Ha surgido últimamente? ¿Cómo te está guiando hacia lo que tienes que hacer? ¿Te has esforzado para enfrentar tu miedo?

o **Primero ¡elígete tú!:** ¿Te estás declarando a ti misma? ¿Estás descubriendo quién eres?¿Estás pensando como propietaria? ¿Estás reconociendo que estás lista para trabajar por tu propia cuenta?

ejercicio

o   **Asume el poder:** ¿Hay una oportunidad para que asumas el poder a la cual te hayas estado resistiendo? ¿Por qué? ¿Qué te está deteniendo?

o   **Usa tu dolor para encontrar tu marca:** ¿Te has ideado cómo convertir tu dolor en dinero?

o   **Invierte en ti misma:** ¿Qué estás aprendiendo? ¿Cómo estás creciendo? ¿Quién está en tu equipo de apoyo? ¿A quién necesitas agregar?

o   **Comprométete con tu dinero:** ¿Qué haces para ganar dinero? ¿Cuánto puedes ahorrar? ¿Estás iniciando un negocio secundario, buscando un nuevo trabajo? ¿Qué habilidades tienes que puedas monetizar?

o   **Identifica tu misión:** ¿Estás cultivando lo que más amas? ¿Te está inspirando para que ahorres dinero de manera que puedas cumplirla?

o   **Sacrifícate:** ¿Qué estás dispuesta a sacrificar para poder cumplir tus metas de largo plazo?

3.

CÓMO VOLVERTE EMPRENDEDORA Y TRABAJAR POR CUENTA PROPIA

Las metas, el plan de juego, y cómo hacerlo

LA PRIMERA ETAPA DEL CAMINO EMPRESARIAL ES una etapa interior. En las dos primeras partes del libro, compartí la educación práctica y emocional que recibí en mi propio camino, las lecciones duramente aprendidas que moldearon mi visión de lo que quería ser y lo que quería conseguir en esta vida. Te pedí que empezaras a dar un giro en la nave de tu mente y establecieras un nuevo rumbo. Que pensaras diferente. Que te enfocaras prácticamente en cada aspecto de tu vida con una nueva mentalidad y prioridades claramente definidas. Espero haberte convencido de que para que puedas vivir una vida que sea rica en todos los sentidos, no hay más opción que elegirte tú misma, declarar tus intenciones y forjar el camino a ser una emprendedora.

¿Entonces qué significa vivir una vida rica? Eso lo definí al principio del libro, pero vale la pena repetirlo aquí cuando te estás preparando para emprender la próxima fase del camino a ser una empresaria.

Significa poder dormir profundamente en las noches, sin preocupaciones.

Significa salir del modo de supervivencia, en el cual estás a un problema de distancia de la catástrofe.

Significa premiarte a ti y a tus hijos con cosas como la educación, los viajes y el tener casa propia.

Por último, significa poder trabajar porque quieres hacerlo, no porque tienes que hacerlo.

Cuando vives una vida rica eres autónoma, autosuficiente, independiente y libre.

Ahora, para poder tener claros tu misión y tu dinero, para evaluar las destrezas que posees —que son el motor que te impulsa— y enfocarte en tu llamado —las aspiraciones de tu panorama total que serán el combustible de ese motor— debes hacer un inventario de tu vida.

PINTA EL MAPA DE LA
TRAYECTORIA DE TU VIDA

· · · ·

TENDEMOS A OLVIDAR QUE TODO LO QUE HACEMOS NOS LLEVA al siguiente lugar. Como todos, he trabajado en empleos menos que ideales en mi vida, pero esos trabajos me ayudaron a llegar a donde estoy hoy. Una de las cosas más interesantes y reveladoras que hice por mí misma en los inicios de mi carrera, en una época en que me estaba sintiendo atascada, fue dibujar un gráfico que seguía la pista de todos los trabajos que había tenido hasta ese punto. Juntos, me dieron un mapa tangible, mostrándome con precisión dónde había estado y lo que había aprendido de mí misma y mis habilidades. Armar ese rompecabezas de mis gustos, disgustos y destrezas, fue crucial para ayudarme a descifrar el camino a seguir. Cuando se ve todo en blanco y negro, empieza a surgir un cuadro. Tan importante como saber qué eliminar de tu vida es saber qué conservar y expandir. Si la desesperanza te invade porque estás atascada en un trabajo que te disgusta, entonces a lo mejor no estás viendo el panorama general y posiblemente estás permitiendo que todo eso te entierre en el momento, en lugar de alzar la mirada y tratar de planear tu próxima movida. Este ejercicio está diseñado para darte algo de perspectiva.

Aquí está mi tabla:

TRABAJO	GUSTOS	DISGUSTOS	DESTREZAS ADQUIRIDAS
The Limited	• Vender	• Hacer inventario	• Ventas • Organización
Seventeen	• Instalaciones glamorosas • Narrativa • Investigación	• Cero dinero	• Investigación • Narrativa • Improvisación
Reportera de TV adolescente	• Viajes • Entrevistar gente • Salir en TV	• Cero dinero Viajes en bus • Malos hoteles • Encontrarme en situaciones peligrosas	• Adaptarme a diversas circunstancias y personas • Destrezas en comunicación • Ganar confianza frente a las cámaras • Destrezas técnicas • Trabajo en equipo • Narrativa

TRABAJO	GUSTOS	DISGUSTOS	DESTREZAS ADQUIRIDAS
Productora de noticias, CBS	• Mucha acción • Ver mi trabajo al aire todos los días • Temas diversos • Siempre un desafío	• Temas deprimentes • Paso acelerado • Mentalidad de fábrica • Estilo de vida duro	• Ejecución en cortos plazos límites • Producción de programas con bajo presupuesto • Entender la importancia de mantenerse al tanto de los eventos diarios • Edición
Directora de estación de TV	• Ser la mandamás • Trabajo comunitario • Mercado hispano • Negociar con anunciantes • Contabilidad: ¿quién lo creería?	• Más técnico que creativo • Horarios extendidos • Manejar mucha gente	• Administrar un negocio • ¡¡¡Matemáticas!!! • Dar a los consumidores lo que desean • Comprender la importancia de generar utilidades

¿Qué gustos quisiera llevarme? Me gustó administrar un negocio conectado con los clientes, que producía dinero, era creativo, colaborativo y emocionante. Yo quería tener que ver con contenido que era significativo para la gente, particularmente para mi propia comunidad. Una buena historia me encantaba. Me gustaba la gente optimista y el material optimista. Sabía vender, improvisar, mandar en toda la compañía y —muy importante— ¡llevar la contabilidad! ¡Había aprendido a amar las matemáticas! Para mí la siguiente movida fue empezar mi propia compañía de producción para televisión, generando material para el mercado latino.

¡ADELANTE!

CUANDO VIVES UNA VIDA RICA TE SIENTES AUTÓNOMA, AUTOSUFICIENTE, INDEPENDIENTE Y LIBERADA.

.

Aquí está tu tabla para que la llenes:

TRABAJO	GUSTOS	DISGUSTOS	DESTREZAS ADQUIRIDAS

¿Para ti, cuáles son los gustos que te llevarías? ¿Qué es lo siguiente que tienes que aprender para redondear tu educación? ¿Eso te puede apasionar? ¿Qué te gustaría delegar en otra persona? ¿Qué es lo que tú y solo tú puedes hacer, mejor que cualquier otra persona? ¿Qué industria te atrae? ¿Servicios? ¿Hotelería? ¿Venta minorista? ¿Manufactura? ¿Tecnología? ¿Moda? ¿Comida?

La idea es armar un cuadro; el rompecabezas que eres TÚ. Las piezas de ese rompecabezas te ayudarán a verte con toda claridad a ti y a las ventajas que solo tú tienes para ofrecer, aquellas que te ayudarán a determinar qué tipo de empresaria serás.

Digamos que estás en tus veintes y trabajando como camarera. Te sientes atascada en un trabajo de porquería. Pero si te puedes salir del día-a-día por un momento, piensa: ¿qué estás aprendiendo en el trabajo? Para empezar, estás aprendiendo cómo funciona un restaurante. Ves lo que el dueño de ese restaurante está haciendo bien o mal. Entiendes cuánto cuesta prestar un excelente servicio al cliente y mantener contentos a tus empleados. Atiendes los clientes cara-a-cara. Te enteras de todos los costos: los de personal, los costos generales, los de entregas de comidas, los del manejo y operatividad de los pedidos. Quizá veas áreas que el actual propietario podría mejorar. Tal vez ya hayas pensado, "Si estuviera yo a cargo, haría esto de un modo diferente...". Tal vez te animes a abrir tu propio restaurante. Tal vez te animes a estudiar para obtener un grado en administración, artes culinarias o administración de empresas. Con el próximo paso y el siguiente nivel de experiencia y autonomía, tus habilidades y ambiciones adquiridas cambiarán una vez más. Quizá estés en posición de hacer realidad tu sueño de ser dueña de tu propio negocio para cuando tengas cuarenta y cinco. Quince años más tarde, los años de éxito en el negocio permitirán que te dediques, tú misma, ya en tus sesenta, a manejar una entidad sin fines de lucro que alimente tu pasión y tu misión.

Saca las piezas del rompecabezas de tu vida de donde estén metidas, y júntalas todas. No hay una sola configuración correcta. Puede haber varias. Esto se saca por ensayo y error; con un propósito. Quiero que veas cada etapa como una preparación para la próxima. Esto es como una escalera: una acumulación de experiencia y conocimiento, guiada por el imperativo de convertirte en propietaria de cada aspecto de tu propia vida, sin importar dónde estás ni cuál es tu trabajo. Así que no se trata de buscar el próximo trabajo; se trata de adquirir fuerza interior, claridad y propósito. De descifrar a dónde quieres llegar con todos estos gustos, disgustos, habilidades, talentos y destrezas. Ese es el trabajo de la próxima sección.

VAMOS A ESTABLECER METAS

· · · ·

CUANDO ME DIRIJO A GRUPOS DE MUJERES EN LOS EVENTOS, A menudo empiezo por hacerles una pregunta, y en este punto ya casi puedo predecir la respuesta. Así que es una especie de pregunta capciosa, pero la hago con amor en mi corazón, no para hacerlas sentir menos. La pregunta es simple ¿Cuáles son sus metas? Y las más de las veces, las respuestas que recibo son erradas. "Quiero comprar un auto nuevo". "Quiero salir de deudas". "Quiero comprarme algo realmente bueno para premiarme a mí misma". Cosas de poca monta. Gratificación cortoplacista.

Las mujeres tendemos a pensar en pequeño. Tengo que decirlo, cuando le haces esa pregunta a los hombres, salen con unas respuestas mucho más grandes. ¿Por qué eso? Es tarea de psicólogos y biólogos responderlo; bien podría ser algo evolutivo o tal vez cultural. Sin embargo, ¡la cultura ha cambiado radicalmente para las mujeres en los últimos cincuenta o sesenta años! Entonces ¿por qué nuestras ambiciones no han cambiado al mismo ritmo? ¿Por qué nuestros sueños se han quedado tan pequeños y humildes? Yo soy optimista; creo que podemos hacer esos cambios consciente y rápidamente si arrojamos algo de luz sobre el problema. Eso es parte de mi misión en este movimiento ¡Adelante!. Estamos aquí para cambiar mentes, empezando por la tuya.

Y aquí, ahora, quiero que sueñes en grande. Abajo, te estoy preguntando cuáles son tus metas y quiero que pienses mucho más allá del corto plazo cuando las anotes en papel. Esa es tu lista secreta. No te avergüences: la lista es privada; solo para que la veas tú. Es tu Estrella Polar y no es de nadie más. Entonces seamos claros: no queremos metas cortoplacistas aquí. Queremos las metas que tú esperas alcanzar en veinte o treinta años.

A manera de ejemplo, estas eran mis metas cuando yo estaba en mis veintes:

- Tener dos años de salario ahorrados: uno para emergencias y uno para invertir.
- Tener la propiedad absoluta de mi casa; sin hipoteca.
- Ser dueña de un edificio; una propiedad que pudiera alquilar para generar un ingreso.
- Volver a la escuela para obtener mi título.
- Tener dinero ahorrado para mi retiro.
- Enviar a mi hijo a la universidad.
- Tener una casa de playa en mi país.
- Hacer un viaje alrededor del mundo.
- Retirarme a los sesenta y cinco.

Cumplí todas esas metas cuando tenía cuarenta y cinco años. Fui afortunada: aproveché la oportunidad y encontré la disciplina y orientación para mantener el rumbo. Y ahora estoy cosechando las gratificaciones.

Para ayudar a las mujeres con quienes trabajo a que se les ocurran sus metas, las oriento con este pensamiento: Proyecten para muy lejos, para los últimos años de sus vidas, y trabajen de ahí para atrás. Piensen en ustedes y sus vidas a los ochenta y cinco. ¿Cómo quieren estar cuando tengan ochenta y cinco? ¿Quieren ser económicamente independientes? ¿Quieren predicar con el ejemplo para su familia; mostrarles qué mujeres tan fuertes y autosuficientes son ustedes? Hay algo muy aclarador al vérselas con nuestra mortalidad; es un excelente motivador. Candy Chang, artista milenio, se ha convertido en la sensación de los medios sociales con su proyecto global de pared-arte que denominó "Antes de que yo muera". En las paredes de Chang, mujeres de todas las edades comparten listas de cosas que quieren hacer antes de morir. Su proyecto ha tenido eco particularmente entre mujeres jóvenes. También, un reciente artículo en *The New York Times* por Arthur C. Brooks llamado "Para ser más feliz, empieza a pensar más en tu muerte" citaba varios estudios que muestran que cuando a las personas se les pide contemplar su propia muerte, se concentran y se inspiran. Sus prioridades se vuelven claras como el agua. Ustedes deben pensar en grande, porque si no piensan en grande, no van a llegar allí.

Entonces te pregunto, ¿dónde quieres estar a los ochenta y cinco, sesenta y cinco, cincuenta, cuarenta, treinta? ¿Cuáles son tus metas?

¿Cuáles son tus marcadores? ¿Cómo medirás el éxito? ¿Cómo sabrás que has alcanzado tu meta?

¿Corregirás los errores de tu vida apenas puedas hacerlo?

¿Quieres perder peso y volverte saludable?

¿Cuánto dinero quieres tener en el banco para cuando te retires? ¿Cuánto dinero necesitas mensualmente para vivir, es decir vivir bien y sin preocupaciones?

Mira a tu alrededor a las personas que conoces que aún no están resueltas y siguen luchando. Pregúntate a ti misma, ¿en qué punto de la trayectoria de vida de esas personas salieron mal las cosas?

¿Dónde quieres vivir? ¿Cómo quieres que luzca tu casa?

Las metas exigentes requieren de aguante, pero si por ellas no se justifica luchar, probablemente no valen la pena.

Más recientemente, como lo mencioné antes, me impuse la meta de perder peso y ser saludable. ¿De dónde saqué la disciplina y determinación para no comer carbohidratos durante casi un año? Puse en mi casa una foto mía, veinticinco años más joven, delgada y sonriente y con ropa sofisticada en la portada de una revista. Al lado de esa, puse una fotografía mía reciente, gorda. Si yo no hubiera visto la foto flaca y la foto gorda todos los días —si no hubiera estado conectada a la imagen visual de dónde estaba y a dónde quería llegar— no estoy segura de haber podido ajustarme al plan. Soy una gran creyente en las ayudas visuales para ayudar a poner en claro una meta. Tableros de sueños, paneles o portafolios de tendencias, diarios, revistas —sea cual sea la forma que tomen. Pon las fotos ahí y te ayudarán a lograr tus metas.

Haz un tablero de sueños para ti misma. Es una forma de crear un compromiso concreto, volviendo realidad una idea. Es otra forma de declararte.

EL PLAN DE JUEGO

· · · ·

AHORA QUE HAS DEFINIDO TUS METAS ¿CÓMO VAS A ALCANZARLAS?
Vas a hacer dinero mientras duermes.

La primera vez que escuché esta frase me sonó como en chino. No tenía idea de lo que significaba. Pero es la parte más crítica de tu plan para ser emprendedora, y llega al núcleo empresarial de convertirte en dueña de un negocio propio. En últimas, el objetivo es que se te ocurra un negocio o un producto o una inversión que sea una fuente de ingreso continuo, que te haga dinero las veinticuatro horas del día, mientras tú estás haciendo más dinero en tu trabajo o, si eres lo suficientemente afortunada, mientras estás amando la vida y viviendo tus sueños.

Ese motor interno que te lleva a la independencia es también la máquina de tu espíritu emprendedor. Hay muchas maneras en las que el espíritu emprendedor puede operar. Cómo decides hacerlo y convertirte en una propietaria en tu vida es cuestión tuya. Pero la verdad absoluta no cambia: necesitas hacer dinero, ahorrar dinero, e invertir tu dinero en algo que haga dinero para ti incluso cuando tú no estés trabajando. ¿Por qué?

Porque sólo con tu salario no vas a llegar a la meta.

Hasta las profesionales —como mi amiga la dentista— necesitan una fuente de ingresos que pueda velar por ellos después de que dejen de trabajar. Tal vez para esa dentista con su lucrativa práctica sea suficiente invertir el dinero que hace en una cuenta de retiro que pueda mantenerla más adelante en su vida. Pero quizá tú ahora mismo no tengas suficientes ingresos para ahorrar e invertir. Porque la mayoría de nosotras necesitamos generar más dinero ahora para poder tener el dinero para invertir, bien sea en acciones o en bienes raíces o en un negocio, inversiones que proveerán para nosotras el resto de nuestras vidas.

¡ADELANTE!

GANA DINERO MIENTRAS DUERMES

Primero haces dinero. Quiero que encuentres una forma de hacer más dinero; es decir, más dinero del que estás ganando actualmente. Tal vez sea iniciando un negocio en eBay o Amazon. Quizá sea conduciendo para Uber unas cuantas noches por semana. Sí, te estoy pidiendo que trabajes todavía más duro de lo que ya estás trabajando. Te estoy pidiendo que te sacrifiques. Vigila tus egresos. Reduce tus gastos generales.

Luego ahorras dinero. Lo siguiente es que guardes cada centavo de lo que te ganas en tu trabajo secundario. La meta aquí es ahorrar un año de salario. ¡Escuchaste bien! Un año de salario (¡por lo menos!) es un colchón, un fondo de emergencia. Es tranquilidad mental. Pero no ahorres y luego dejes de hacerlo; ahorrar es una práctica de por vida, y te prometo que aprenderás a amarla. ¿Por qué ahorrar más de lo que necesitas para cubrirte tú misma en una emergencia? Para tener dinero que puedas usar para hacer más dinero.

LA GRAN META

Hacer dinero mientras duermes

$ que ganas → $ que ahorras → $ que inviertes → Gana $ mientras duermes

Enseguida inviertes dinero. Yo invertí en bienes raíces y en una cuenta de retiro. ¡Es muy importante contribuir a tus cuentas de retiro! Invierte ese dinero para que crezca. El interés compuesto es algo hermoso. Para la primera y última palabra en planeación de retiro, lee los libros de mi amiga y modelo a seguir, Suze Orman: *Women & Money* te cambiará la vida y te enseñará cómo abrir, fondear e invertir en una cuenta de retiro. *The Money Class* te enseñará todo lo que necesitas saber sobre acciones, bonos, IRAs (cuentas de retiro individuales), Roth IRAs (lo mismo pero con más beneficios). Tú escoge; no te vas a equivocar. Quiero que seas una señora mayor hermosa, feliz y segura.

Una vez que tu cuenta de retiro esté fondeada y tú no tengas deudas, estás lista para invertir tu dinero en un vehículo que hará dinero mientras tú duermes.

LA MATEMÁTICA NO MIENTE

. . . .

LAS MATEMÁTICAS SON DIVERTIDAS. ¡SUMAR DINERO ES DIVERTIDO! Si yo aprendí a amar la matemáticas ¡tú también puedes! ¿Por qué tienes que amar las matemáticas? Porque las matemáticas nos va a llevar a buen destino.

La buena noticia es que hacer matemáticas es muy sencillo. El dinero no es sentimental, no es emocional, no dirá cosas desagradables a tus espaldas. Las cifras de tu cuenta bancaria hablan por sí mismas. Las matemáticas no mienten. Y cuando tú tienes el control de tu dinero, no hay mayor altura. La autonomía económica es pura libertad y las matemáticas son tu mejor amiga. No te traicionará.

CÓMO AHORRAR UN AÑO DE SALARIO

1. **Enamórate de ahorrar dinero y de verlo crecer.** Aprende a amar la sensación de depositar dinero en el banco. Es mucho más divertido ver crecer tu dinero que la alternativa: preocuparte y estar ansiosa y perder sueño mientras tu dinero se va reduciendo poco a poco.

2. **Sal de deudas.** No puedes avanzar si la deuda te está retardando. Idéate un plan agresivo para pagarla completamente, incluida la deuda del préstamo de estudios (que no puede ser liquidada por quiebra). Si empiezas un negocio secundario para generar efectivo extra para ahorros, pon 50 por ciento de lo que ganes a pagar la deuda y ahorra el otro 50 por ciento. Ver que tu deuda disminuye y tus ahorros aumentan, te va a inspirar.

3. **¿Cómo ahorrar? Con sacrificio.** Ahorra un mínimo de 20 por ciento y hasta 50 por ciento de lo que ganes. Empieza por anotar la cantidad de dinero que te llevas a casa cada mes. ¿Cuánto es el 20 por ciento de esa suma? Escríbelo. Comprométete con ese número. Sé lo que vas a decir: ¡No tengo manera! La vida es cara en esta ciudad, mi alquiler es alto, ¡no puedo ahorrar! Y esto es lo que te voy a responder: Decide que tú vas a dejar de gastar todo lo que gastas. Finge que ganas menos de lo que ganas. Reduce tus gastos. ¿Qué puedes reducir? Sé estricta acerca de nuevos gastos. ¡Cero gastos nuevos! Pega un papel con tus metas en algún sitio de tu casa donde puedas verlas todos los días. Recuérdate a ti misma que este sacrificio a corto plazo te va dar libertad y tranquilidad de espíritu más tarde en tu vida. No compres zapatos...

4. **Empieza un negocio secundario y ahorra el 100 por ciento de ese dinero.** Si quieres ahorrar más rápido, esto es lo que tienes que hacer. Tienes un negocio llamándote en tu propia casa.

EMPIEZA UN NEGOCIO EN TU CLOSET

. . . .

TU CASA ES COMO TIENDA MINORISTA CON INVENTARIO NO VEN-dido. No es necesario ir más allá. Los juguetes de tus hijos. Vestidos. Libros. DVDs. Discos de vinilo. El carro que no usas. Artefactos electrónicos que puedes vender por el valor de las partes. Objetos de cultura popular americana como Disney o Star Wars (los precios de esos objetos te sorprenderán). Quiero que abras una tienda de eBay, te conviertas en una vendedora por Amazon, y vendas tus cosas. Sé creativa con las descripciones; un vestido viejo se convierte en "moda vintage". ¿Recuerdas a Tara Winter, la chica que empezó vendiendo vestidos viejos de Hollywood en eBay siendo todavía una adolescente? Ella es un genio del mercadeo. Busca su tienda en línea y aprende de ella.

Crea un territorio que sea tuyo; una vez que arranques, puedes ir donde tus vecinos, amigos y familia. Cuéntales que puedes vender las cosas de ellos en línea. Dales 60 por ciento de las utilidades; tú te quedas con el 40 por ciento. Te asombrará el flujo constante de mercancía que te llega una vez que se difunda la voz de lo que haces. En el proceso aprenderás a fijar precios, y también lo que debes saber de mercadeo y comercio electrónico. Es un buen entrenamiento para tu próxima empresa para hacer dinero. Pon a trabajar ese músculo emprendedor.

No tienes tiempo, ¿dices? Hazlo una hora o dos en el fin de semana. No tiene que ser un proyecto que se apodere de tu vida. Hasta puedes establecerlo en tu perfil de vendedora para que tus clientes sepan que despachas ítems solamente un día a la semana.

Si nunca has vendido nada en línea, empieza con vender libros en Amazon. No hay necesidad de tomar fotografías o escribir textos descriptivos. Simplemente te estableces como vendedora (busca las instrucciones en services.amazon.com) e inscribe el ISBN de tus libros para listarlos. Pon tus precios de venta con base en lo que otros vendedores estén pidiendo por el mismo título. Y luego fija tu precio en un centavo menos. Investiga a tus competidores. ¿Ofrecen envío dentro de 24 horas o despacho internacional? Los costos de envío los establece Amazon pero ofrecer el envío inmediato en vez de lo normal, tres a cinco días, hará tu oferta más atractiva al comprador. Además, puedes inscribirte para enviar via el servicio Prime de Amazon.

Ahora guarda cada centavo que hiciste con tu negocio secundario. No lo toques; ¡ahórralo!

La magia de limpiar tu clóset

En el transcurso del año pasado, perdí treinta libras. El peso ganado cuando volví a estudiar. Trabajé duro para perderlo, y se siente súper bien tener esa parte de mi vida bajo control. No hace mucho, me aventuré a mirar en mi clóset para darle sentido a todo eso. Estaba repleto de múltiples tallas de vestidos de otras tantas fases de mi vida. Era hora de hacer limpieza... Resultó ser una labor de múltiples fines de semana y todo un viaje emocional. No me considero una súper-compradora, sin embargo, no podía creer que hubiera coleccionado tantas cosas. Me hizo pensar en cuánto menos de lo que tenemos, es realmente lo que necesitamos o usamos, y cuánto es que comprar ropa puede ser un arreglo rápido que te distrae de las metas grandes.

Había leído *La magia del orden* —un tremendo éxito de ventas— por Marie Kondo. Ella describe la práctica espiritual de salir de todas las cosas inútiles y el desorden de tu vida para abrirte con energía a tu nuevo yo, por dentro y por fuera. Seguí las instrucciones de Kondo: miré cada ítem que estaba en mi clóset, lo sostuve, me lo medí, recordé cada experiencia (las buenas y las malas), evoqué cada época; las décadas de 1980, 1990 y más allá. Me maravillé cada vez que encontraba algo viejo que lucía chic y "vintage". Vi claramente mis fases de "chica de Jersey", "vaquera de Texas", "grunge de Boston", "glamorosa de Hollywood", "traje del poder feminista", "presentadora de TV" y mi guardarropa del regreso a la universidad "sudaderas/ todo el tiempo".

Disfruté y honré cada fase, cada versión de mi misma y después las dejé ir todas. Luego me pregunté, "¿Quién soy ahora? ¿Quién es la mujer en la que me he convertido?".

Como mujeres, debemos evolucionar y crecer, honrar nuestro pasado, perdonar nuestros errores (y los pasos en falso de nuestro guardarropa) y constantemente buscar quiénes somos ahora. Lo único que tenemos es el hoy. El libro de Marie Kondo es tal fenómeno porque toca una antigua verdad: para seguir creciendo, debemos limpiar el pasado. Las cosas que conservamos son una metáfora de algo a lo que nos aferramos aunque ya no nos sirve. Desde un punto de vista energético, debemos transformar esa energía pasada en generosidad hacia otros regalando esas cosas a quienes pueden usarlas o las disfrutarán más, o convertirlas en dinero (recuerda, piensa que son inventario no vendido) y traer ingresos para nosotras y nuestras familias.

Acabo de empezar a organizar la habitación de mi hijo adolescente y he revivido toda su niñez. Encontré algunos juguetes de Star Wars que McDonald's regaló en sus Cajitas Felices muchos años atrás. Ahora son ítems de colección y se venden hasta por quinientos dólares cada uno. Cuando acabe de llorar sobre mi bebé que ya ha crecido tanto, mi hijo y yo vamos a sentarnos seriamente a sacar algún dinero de Luke Skywalker y Darth Vader que nos sirva para sus años de universidad.

Hay muchas maneras de volverte emprendedora y trabajar por tu propia cuenta

MIENTRAS ESTÁS HACIENDO SACRIFICIOS, REDUCIEN-do tus gastos generales, fondeando tus cuentas, y aprendiendo a que te guste ahorrar dinero —todas las cosas que necesitas hacer cuando te vuelves una cuentapropista— deberías estar pensando en el tipo de empresaria que quieres ser. ¿Cuál será tu negocio? ¿Tu negocio o producto qué necesidad va a satisfacer en el mercado? ¿Cómo se volverá popular? ¿Y cómo te inventas una idea de negocio? Tengo otra propuesta de tres pasos para ponerte a pensar:

Empieza. Ya hemos cubierto esto —¡tú ya has empezado!— tomaste la decisión de estar aquí conmigo, ahora mismo. Estás cambiando tu forma de pensar de gratificación al instante a orientación por metas. Has aprendido que lo que nos espera no será fácil, pero te estás comprometiendo.

Sabes que lo difícil requiere aguante, pero estás aquí, porque las compensaciones son buenísimas.

Resuelve un problema. Yo le digo a las mujeres con quienes hablo, "Tu dolor es la salida a tu más auténtica marca". Tu dolor identifica el problema para el cual eres exclusivamente la persona adecuada para resolverlo. ¿Cuál es el problema? ¿Qué resolvería ese problema? ¿Cómo lo conviertes en un negocio?

Encuentra un público. ¿Dónde están las personas iguales a ti que comparten este problema? ¿Cómo puedes encontrarlas? ¿Están en tu comunidad? ¿En línea? ¿Es una necesidad local o nacional? ¿Cuál es la manera más efectiva de llegar a ellas y contarles que tú tienes la solución?

¡HAY MUCHAS FORMAS DE EMPEZAR UN NEGOCIO!

· · · ·

¿Qué tipo de emprendedora eres tú? ¿Y qué tipo de negocio empresarial va con tus destrezas? Aquí tienes algunos caminos que considerar.

OPORTUNIDADES DENTRO DE LA ECONOMÍA COMPARTIDA

LA ECONOMÍA DIGITAL OFRECE ENORMES OPORTUNIDADES A las emprendedoras para vender sus productos, mercadear sus negocios, reducir sus gastos generales y trabajar tiempo parcial o completo desde su casa. Aplicaciones de la red a la carta, como Uber, Lyft y TaskRabbit forman parte de una nueva ola de plataformas de negocios de "economía compartida" que usan las redes sociales y los dispositivos móviles para habilitar a personas del común a convertir sus destrezas, posesiones y talentos en servicios pagos. TaskRabbit, por ejemplo, trabaja a nivel local para conectar a quienes están dispuestos a realizar labores domésticas y mandados a cambio de efectivo, con clientes de su vecindario dispuestos a pagarlas. Los servicios de TaskRabbit van desde trabajos de manutención y servicios de limpieza hasta ayuda con mudanzas, compras y planeación de fiestas. El mercado virtual para productos artesanales también está creciendo. Sitios como Etsy y Handmade en Amazon han explotado el apetito por todo desde medias tejidas y sofisticadas casas para perros a edredones de retazos multicolores, vajillas con dibujos de ajíes y perchas para abrigos hechas de cuernos. ¿Quieres comercializar tu habilidad para el diseño gráfico? Puedes hacerlo con Folyo o Dribble. ¿Quieres hacer y vender tus propias camisetas? Entra a Teespring. Prácticamente no hay nada que tú puedas hacer o manufacturar que no tenga algún valor monetario para alguien en algún lugar, y el vasto mercado virtual que tienes a la punta de tus dedos facilita la conexión con clientes como nunca antes.

Ingresa a theadelantemovement.com o adelanteemprendedora.com para buscar una lista completa de oportunidades dentro de la economía compartida.

Melissa Paz

MELISSA PAZ ESTABA RECIÉN EGRESADA DE LA universidad y en Puerto Rico el mercado laboral estaba difícil. Poco después de casarse, ella y su marido emigraron a los Estados Unidos en busca de mejores oportunidades. Se establecieron en la Florida y tomaron empleos de bajo nivel en Universal y Disney para pagar las cuentas. Melissa pasó a cargos en AT&T y Tupperware, pero la pareja decidió iniciar una familia y ella quería libertad para estar en casa con sus hijos. Empezó a trabajar en servicio al cliente para un banco —trabajo que podía hacer desde su casa— lo cual fue una buena solución... hasta que fue despedida. Con dos niños pequeños, ella necesitaba encontrar una manera de conseguir dinero enseguida.

Recordando que había hecho dinero extra vendiendo libros usados en eBay mientras estudiaba en la universidad, Melissa consiguió ayuda de su mamá para buscarle cosas en toda la casa —usadas y nuevas— que ellas pudieran vender en eBay. Ella montó una tienda en eBay, LazyBreeze Deals. Los ítems se vendieron sorprendentemente rápido y la presión económica sobre la familia cedió un poco, pero Melissa se dio cuenta de que para crecer y expandir su negocio, necesitaba más cosas para vender. Empezó a buscar lotes de vestidos en liquidación y a experimentar con diferentes tipos de inventario.

También se dio cuenta de que necesitaba contactar a otros vendedores para aprender de sus experiencias.

Con ese objetivo en mente, Melissa estableció los Encuentros de Vendedores por eBay de la Florida: una reunión mensual para vendedores de eBay en su área en la cual avezados expertos podían compartir consejitos y ayudar al éxito de los más nuevos. Ella aprendió a escoger y conseguir inventario, y también a comercializarlo. En uno de sus encuentros, conoció a Danna Crawford, una asesora de negocios certificada de eBay y PowerSeller, quien se convirtió en su mentora, la conectó con un contacto personal en eBay y le ayudó a convertirse en influencer y embajadora certificada de eBay.

Melissa puso en práctica los consejos de su comunidad en línea para refinar aún más sus técnicas de venta y empezó a trabajar con compañías que tomarían los pedidos directo de su tienda para despacharlos directamente a los compradores desde sus bodegas —práctica conocida como **drop shipping** o envío directo. Esto significaba que Melissa no tenía que preocuparse por almacenamiento y despacho de inventario. A medida que fue experimentando con diferentes productos, encontró que tenía un talento para vender equipaje, mochilas y artículos para viajes. Ella siempre había tenido pasión por viajar, así que sabía escoger sus productos y escribir descripciones atractivas de los mismos porque sabía las características que los viajeros experimentados buscan. Como domina el español y el inglés, Melissa también ha podido adaptar su tienda al mercado latino y bilingüe, dirigiéndose así específicamente a una comunidad desatendida.

El éxito de Melissa fue rápido porque ella aprovechó los conocimientos de la comunidad eBay. Ella trabaja en su tienda entre dos y doce horas al día. Actualmente está trabajando con eBay en el crecimiento y expansión de eBay Latino.

EMERGENTE

LOS NEGOCIOS EMERGENTES OPERAN EN LOS SECTORES DE LA economía de más rápido crecimiento. Las economías de los países emergentes están creciendo rápidamente, lo que significa que están comprando más bienes y productos que otros países. Los negocios que les venden a estos mercados obtienen grandes beneficios. Los países BRIC —Brasil, Rusia, India y China— son economías emergentes, igual que algunas economías de África y el Medio Oriente. Y, como mencioné antes, el mercado latino es el mayor mercado emergente en los Estados Unidos.

Los mercados y negocios emergentes están donde estadísticos y economistas pronostican el mayor crecimiento en los próximos cincuenta años. En los Estados Unidos los negocios de más rápido crecimiento ahora, están en el sector digital y de energía. La industria automovilística también está creciendo. Los sectores emergentes crecen exponencialmente cada año y son dinámicos —cambian todo el tiempo— lo que significa que siempre hay nuevas oportunidades.

En 2016, entre los negocios emergentes en los Estados Unidos están los servicios para la población de baby boomers (el mayor y más acaudalado sector demográfico), como entrenamiento e instrucción de ejercicios y terapia física; tecnología y redes sociales; servicios para el mercado de mujeres latinas, afroamericanas y multiculturales; servicios dirigidos a la salud de la mujer (que se está especializando cada vez más); así como los servicios por suscripción de alimentos y productos seleccionados y empacados.

INVENTA UNA EMPRESA, UN PRODUCTO, UNA COMPAÑÍA DE TECNOLOGÍA

Tengo que ser honesta: esta es la forma más difícil de convertirse en una empresaria. No es para todo el mundo. Requiere una personalidad tipo A, con visión e impulso hasta para regalar. Es difícil ser líder, pero podría ser justo lo que estás buscando. El ejemplo clásico de esta categoría es la inventora y genio Sara Blakely, quien resolvió el ancestral problema de las demarcaciones de los panties, las pancitas inflamadas y las partes bamboleantes con telas de moderna tecnología y convirtió a Spanx en un imperio (¡y una nueva palabra para nuestro vocabulario diario!). Sara Blakely también cuadra como disrupter o revolucionadora (ver abajo), porque cambió radicalmente la industria de la ropa interior. Se estima que su fortuna neta sobrepasa el billón de dólares.

REVOLUCIONA UNA INDUSTRIA ESTABLECIDA

UN DISRUPTOR SALE CON UN PRODUCTO O UNA FORMA DE PREStar un servicio que cambia el "negocio habitual". Uber cambió la industria de los taxis y la forma en que nos movilizamos en las ciudades. Amazon cambió la forma en que compramos; con la creación de algoritmos que incluyen nuestras compras e intereses y sugieren otras cosas que nos puedan gustar. El iPod revolucionó la industria de la música y la forma en que compramos y escuchamos música. Elon Musk y PayPal cambiaron la forma en que pagamos por bienes y servicios. Birchbox —un servicio de suscripción mensual que entrega productos de belleza seleccionados en la puerta de tu casa— revolucionó la industria de cosméticos minorista. Pero las mujeres como tú están revolucionando las cosas en formas menores todos los días. Ivette Mayo, a quien conocerás a continuación es un gran ejemplo de disruptora. De manera que la innovación disruptiva no tiene que ser grande; puede ser local y específica. ¡Sólo tiene que funcionar!

Ivette Mayo

IVETTE MAYO NACIÓ EN PUERTO RICO. SU PADRE estaba en la Armada, e Ivette y su familia vivieron mudándose cada vez que a él lo trasladaban. Para cuando tenía ocho, Ivette había asistido a trece escuelas primarias en diferentes partes de Estados Unidos. En casa, ella siempre se sentía conectada con su patrimonio cultural, pero afuera en el mundo, sentía que no pertenecía a comunidad alguna.

Después de pasar veinticinco años en el sector corporativo de los Estados Unidos trabajando en la banca y como gerente de ventas para Latinoamérica de Continental Airlines, Ivette decidió crear un negocio que reflejara quién era ella y de dónde venía. Encontró un problema experimentado por ella y otros, el cual ella estaba específicamente calificada para resolver.

Ivette acababa decepcionada a menudo cuando buscaba tarjetas para regalar. "Cada vez que compraba una tarjeta, siempre pensaba, yo podría hacer esto mejor", dice ella. De manera que creó una línea de tarjetas bilingües, Yo Soy Expressions, que vende en línea y en tiendas. Ivette revolucionó la industria de las tarjetas al llenar un vacío en el mercado con algo que la gente deseaba pero no podía encontrar: tarjetas culturalmente específicas.

Las tarjetas de Yo Soy Expressions se han vuelto mis favoritas y cuando las doy, la gente siempre me pregunta dónde pueden encontrarlas. Lo que me encanta de Ivette es que aunque dejó su trabajo corporativo, ella no dejó de captar la diferencia entre su misión y su dinero. Ivette administra un negocio de capacitación para ejecutivos, que le asegura el ingreso, mientras forja su incipiente negocio de tarjetas el cual sé que será muy exitoso.

"Encuentra tu propósito y no dejes que un 'no' te desanime", dice Mayo. "Dí, 'gracias y quítate de mi camino'". Mayo aconseja a colegas emprendedoras que no se asusten. Si no tienen dinero para financiar su proyecto, búsquense una forma de conseguirlo. "Mi abuela diría, 'Si tú quieres, tú puedes' y ese modo de pensar me ha dado el combustible de mi valor".

COMPRA UNA FRANQUICIA

TAL VEZ SEAS EL TIPO DE EMPRENDEDORA QUE NO ES CREADORA SINO una gran ejecutora. En este caso, comprar una franquicia, o un negocio existente podría ser lo indicado para ti. Una franquicia es una excelente manera de iniciar un negocio con menos inversión, y con la experiencia y el soporte de mercadeo de otros propietarios y la compañía matriz que te respalde. Además hay muchas compañías como UPS, Subway, y 7-Eleven, que buscan activamente mujeres para comprar sus franquicias. También hay franquicias en muchas categorías que a lo mejor no sean tan obvias para ti; por ejemplo estudios de yoga, tutorías para niños, servicios de comidas saludables. Todas esas son áreas en crecimiento.

Me encantan las franquicias porque te permiten manejar tu negocio propio con unos de los problemas ya resueltos, gracias a la experiencia de tus antecesores. Podrías comprar una franquicia existente a alguien que se retire o mude y ya haya construido la base que tú harás crecer en lugar de tener que empezar de cero.

Para comprar una franquicia hay toda una gama de precios —algunos costosos, otros razonables— pero puedes obtener préstamos en los bancos, en la SBA y a veces hasta en la misma compañía matriz. Claro que necesitarás poner algo de dinero; el préstamo no cubrirá todo. Es como comprar una casa. Los negocios de franquicia usualmente son a diez o veinte años, así que la forma de pensar en su caso es amortizar ese costo en el término de la franquicia y así parecerá menos abrumador. También hay costos operativos y pagos que van para mercadeo a nivel nacional. La compañía matriz también esperará que manejes la franquicia de conformidad con sus estándares y valores. El lado positivo es que, dados sus datos y analistas, la compañía matriz puede pronosticar con mucha precisión cuánto dinero vas a hacer.

Entre las ventajas de ser dueña de una franquicia están la capacidad de comprar con descuento por volumen; puedes compartir suministros con múltiples establecimientos que están comprando los mismos productos. Además, tienes el beneficio de saber por las otras franquicias, qué se está vendiendo y qué no se está vendiendo. Y por otra parte, te beneficias del mercadeo a nivel nacional —un cargo a cuenta del negocio, como mencioné anteriormente— pero es mercadeo hecho por costosos expertos creativos en una escala épica, no simples intentos de ensayo-y-error en mercadeo local.

La franquicia es una forma mucho más fácil de iniciar un negocio. Además, ¡puedes involucrar a toda la familia! Pon a tus hijos a trabajar como empleados tuyos; ¡eso será lo mismo que enviarlos a estudiar administración de empresas! También puedes constituir una sociedad que compre la franquicia en conjunto como grupo en lugar de hacerlo como individuo. Si tuviera que rehacer mi vida, compraría muchas franquicias. Primero compraría una, aprendería a manejarla, y después compraría bastantes de la misma.

María Villar

MARÍA VILLAR, INMIGRANTE CUBANA, TRABA-jaba como maestra en Denver, cuando su suegra cayó enferma con cáncer. María y su esposo no tenían la capacidad para manejar sus necesidades médicas. Empezaron a buscar una institución de servicios de vida asistida que pudiera encargarse de ella como es debido pero ninguna de las de su comunidad les pareció idónea. En lugar de eso empezaron a buscar un cuidador o asistente para servicios de salud en casa que pudiera cuidar a la señora en su propia casa, y en el curso de esa búsqueda María se encontró con una franquicia llamada Home Helpers.

A María la impresionó favorablemente que Home Helpers llevaba quince años funcionando y ninguna de sus franquicias había quebrado. Ella aprovechó sus conocimientos como economista para evaluar el negocio y pensó que valía la pena correr el riesgo de tomarla. Además, le gustaba la idea de poder contratar personal competente y proveer seguridad para personas como su suegra. El precio de la franquicia era relativamente razonable, así que ella y su esposo vendieron unas cuantas opciones de compra de acciones que tenían para cubrir la cuota inicial. Ella abrió su franquicia de Home Helpers en julio de 2015. Hoy, María tiene dieciocho empleados que cuidan a personas de la tercera edad, niños con discapacidades y personas en las primeras etapas de Alzheimer y demencia senil.

María jamás había intentado ser empresaria, pero los esfuerzos de su familia la llevaron directo a un negocio emergente. A medida que la generación de baby boomers envejece, la necesidad de cuidados para personas mayores será creciente. Al comprar una franquicia, María empezó con un plan de negocios ya probado. La experiencia de su propia familia como clientes la capacitó para poner su propio toque personal en el negocio. María ama lo que hace, y habiendo pasado por situaciones similares, tiene gran empatía por las familias a las que está ayudando.

COMPRA UN NEGOCIO YA EXISTENTE (Y ADOPTA
AL ANTIGUO DUEÑO COMO MENTOR)

MIRA A TU ALREDEDOR; MIRA TODOS LOS NEGOCIOS QUE HAY EN TU comunidad. Todos esos negocios tienen propietarios, y por lo menos algunos de esos propietarios un día querrán vender. Al igual que comprar una franquicia, esta es una buena manera de ahorrarse tener que escalar hasta el pico de la montaña a solas. Comprar un negocio ya existente es empezar con una base de clientes ya establecida, lo cual es una gran ventaja. Te estás ahorrando de cinco a diez años de conformar una clientela.

¿Hay un negocio en tu comunidad o alguno de propiedad de un amigo o conocido a quien admires, que en tus sueños más locos hayas deseado que fuera tuyo? Tal vez algún día pueda serlo. Muchas personas levantan negocios prósperos, pero sus hijos no están interesados en trabajar en ellos, o no hay una persona natural en línea para cederles el negocio cuando se retiren. Todos los dueños de negocios quieren sentir que están dejando un legado. Interésate en el negocio. Toma un trabajo allí, adquiere experiencia, apréndelo desde adentro y hazle saber al propietario que estás lista para que sea tu mentor. Hasta podría ser que consigas negociar que el dueño o dueña se quede contigo un tiempo, para tutelarte y presentarte a sus clientes.

Presta atención a tu círculo de conocidos; debes estar alerta a las oportunidades y ventas de negocios que se puedan presentar. Averigua con negocios locales que te encantaría poseer; quizá te sorprenda descubrir quién está listo para vender. Tu cámara de comercio local podría tener una idea de quién en la comunidad esté vendiendo el negocio. Hay corredores de negocios pequeños —igual que de bienes raíces— que representan a propietarios que buscan vender.

Esto también trae a colación aquello de armar tu set de habilidades, el rompecabezas de tu vida. Cuáles son tus habilidades sobresalientes, y ¿en qué negocio sugerirían ellas que puedas ser exitosa?

ASÓCIATE CON UN AMIGO, CON UN GRUPO
DE AMIGOS, O CON TU FAMILIA

ES POSIBLE QUE TRABAJES BIEN EN EQUIPO. CONSIDERA FOR-mar una sociedad para que empiecen un negocio y juntas se conviertan en empresarias.

Acabo de emparejar a dos de mis amistades para que hagan negocio en compañía, y posiblemente fue la mejor cita a ciegas que ambos hayan tenido. Sé que también se volverán buenos amigos. Ellos serán una bendición en la vida del otro de muchas maneras, y también podrán hacer mucho dinero juntos. Están mejor juntos que aparte. No todo el mundo está llamado a ser emprendedor solitario. Algunas personas trabajan mejor con otras al lado. Muchas de nosotras tememos empezar un negocio solas, pero si tan solo tuviéramos una socia para ser valientes juntas, ¡llegaríamos a la luna!

A veces convertirnos en empresarios no tiene que ser un camino largo. Hay otras mujeres por ahí que pueden ser la otra mitad que estamos buscando, con unos sets de habilidades y contactos complementarios, que pueden hacer que algo ocurra. A veces la otra persona está ahí en tus narices; un hijo, una hermana, una prima, una amiga de la escuela o un nuevo conocido. A veces necesitas asociarte con otro miembro de tu comunidad para que puedas servir mejor a esa comunidad; a veces resulta mejor asociarse con alguien ajeno a la comunidad que te ayude a atender un mercado más grande. Abre tu mente a la idea de una sociedad. Comprar como grupo, como lo vimos arriba, es una buena manera cuando se trata de comprar franquicias o negocios ya existentes.

Una nota de precaución: si trabajas con amigos y familia, te recomiendo redactar un contrato antes de que empieces para dejar sentado que ocurrirá si las cosas no salen bien y hay un altercado. Es como un acuerdo prenupcial para negocios. De esa manera empiezas con los ojos bien abiertos. Ahora las facultades de administración de empresas están ofreciendo cursos sobre cómo manejar un negocio familiar o de una sociedad, respetando los límites. Ahora sabemos que esto es una ciencia; se requiere trabajo, no sucede naturalmente, y es mejor no dejarlo al azar.

Yahaira Núñez

Y AHAIRA NÚÑEZ ASISTIÓ A UN EVENTO ADE-
lante en Nueva York. Ella abrió una tienda de ropa para
mujer llamada Lollipop, pero estaba luchando con muchos gastos generales y buscaba orientación. Los primeros pasos que había dado estaban bien: deseaba volverse una empresaria. Había ahorrado una buena suma de
dinero, renunció a su trabajo e inició su propio negocio.
Yahaira encontraba hermosas piezas exóticas y raras
para sus clientas y las emparejaba con los vestidos que la
cliente tuviera en su clóset, mezclando lo viejo y lo nuevo para crear unos looks frescos y con estilo. Era buena
en lo que hacía, y sin embargo le estaba costando cubrir
el alquiler de su tienda.

Mi primera pregunta para ella fue:

—¿Cuál era tu intención al iniciar la tienda?

—Soy dominicana —me dijo a manera de respuesta—.
Soy una estilista realmente buena.

—En realidad, a mí me suena que eres mucho más una
curadora de la moda que una estilista. Eres una excelente compradora también. Tú descubres estos exclusivos
hallazgos y se los llevas directamente a tus clientas. Sabes qué les va a servir porque conoces lo que hay en sus
clósets. Entonces déjame preguntarte, ¿para qué necesitas trabajar desde de la tienda?

Yahaira había ido demasiado rápido y se estrelló.
Ella necesitaba volver atrás y dar pasitos de bebé en
la construcción de su negocio. Había tratado de hacer
una tienda genérica, para público general —¿Lollipop?

¿Qué era eso?— que atendía a todo el mundo y en el proceso ¡estaba ignorando su experiencia particular y su identidad! ¡Su fortaleza estaba en la apariencia étnica, hippie, en la mescolanza! Le dije que su estilo sonaba como un sancocho. ¡Y así fue como nació "Sancocho Style"! Le aconsejé cerrar la tienda minorista y empezar un sitio web. Ella aceptó mi consejo y lanzó un canal de YouTube llamado Sancocho Style y empezó a hacer videos que mostraban su proceso, revisando el closet de una mujer, diciéndole lo que servía y lo que no servía y luego mostrándole cosas que esta clienta podía comprar para complementar lo que tenía y realmente hacer que resultaran atuendos espectaculares.

Actualmente, además del canal de YouTube, ella tiene una página en Facebook para su negocio. También tiene un modelo de negocio que le permite vender ropa y accesorios y cobrar por sus servicios como asesora de guardarropa. Ahora está buscando anunciantes y patrocinadores en su canal YouTube y su página Facebook, porque está manejando un tráfico significativo. Maneja su negocio desde su casa y está teniendo utilidades. Es una gurú del sancocho.

CREA UNA MARCA EN LÍNEA Y MONETÍZALA

Este es el espacio donde las Taras, Crafty Chicas, Miracle Wanzos, y tú pueden graduarse en economía digital. Este es el dominio de las estrellas de YouTube, de los creadores de videos Vine; de cualquier plataforma de redes sociales que reciba publicidad. Tú creas el contenido en línea, consigues tu flujo de seguidores y esos seguidores permiten que anunciantes y otras marcas se alineen con la tuya. Michelle Phan es el mejor ejemplo de esto; ella ha convertido sus tutoriales de maquillaje en YouTube en un destino atractivo para anunciantes. El mejor punto de arranque para esto es el blogueo. Tú desarrollas un área de experiencia y consigues seguidores; entonces, una vez que tengas suficientes seguidores, buscas patrocinadores.

Candy Ramírez

CANDY RAMÍREZ APRENDIÓ A AMAR LA PASTELE-ría por su abuela. De niña en la pequeña ciudad de Douglas, Arizona, ella miraba arrobada a su Nana Lupe mientras creaba dulces delicias en la cocina. "Hornear con mi abuelita nos unió para siempre", recuerda Candy. "Era apacible verla haciéndolo. Ella estaba en su elemento".

A los dieciocho, Candy era una madre soltera desempleada. Sin muchas opciones, recurrió a lo que más conocía y empezó a hacer tortas para poder pagar sus cuentas. Sus tortas eran deliciosas e ingeniosas, pero a ella le avergonzaba pedir dinero, así que se las regalaba a la familia y a amigos cercanos. Había dado el primer paso para convertirse en empresaria pero le faltaba la confianza y orientación necesarias para convertirse en una mujer de negocios hecha y derecha. "Me sentía débil y de poco mérito", admite. "Debía cuidar de mis padres y mi hijo. Cada mañana me costaba levantarme. Era muy desdichada".

Candy se dio cuenta de que tenía que encontrar una manera de sacar dinero de su talento. Ella no tenía contactos reales en el mundo de los negocios, así que en 2014 se afilió a la Cámara de Comercio Hispana local y empezó a asistir a reuniones de trabajo en la red donde fue conociendo otra gente. Ella asistió a charlas que le enseñaron lo que significa escogerse a sí misma.

La cámara de comercio le pidió a Candy que hiciera una torta para un evento ¡Adelante!. Candy era experta en hacer tortas que parecieran objetos, y ella hizo una cartera marcada ¡Adelante! que salía de la torta ¡y lucía tan real que yo traté de agarrarla por la correa para sacarla! La gente se enamoró de su creación e inmediatamente empezaron a preguntar cómo hacer pedidos. Más tarde ese año, Candy's Cakes & More ganó el premio de la Cámara de Comercio a Pequeña Empresa del Año.

Candy aprovechó ese impulso para seguir avanzando. En muchas de las charlas de la Cámara de Comercio, los oradores insistían en que las redes sociales eran la herramienta más efectiva para hacer crecer negocios pequeños. Candy nunca había pensado en sus habilidades para hacerse promoción en los medios sociales como algo que pudiera ayudar a que su negocio fuera visto y generara pedidos. Por primera vez, ella vio la repostería como algo que podía llevarla más allá de simplemente alcanzar a pagar sus cuentas. Primero se declaró chef y repostera profesional (en lugar de alguien a quien "le gusta la repostería"). Luego montó un sitio web para Candy's Cakes & More. Una vez lanzado y funcionando, convirtió todas sus cuentas en redes sociales —Instagram, Twitter y Facebook— en cuentas de negocios y publicó fotos de sus creaciones en línea. Candy fue proactiva al contactar con las personas que había conocido en la cámara de comercio a través de las redes sociales, y ellos estaban deseosos de apoyarla. Los pedidos empezaron a llegar.

Se corrió la voz y su negocio despegó. A los dos años, Candy's Cakes & More se había hecho a un flujo de seguidores del cual formaban parte celebridades y atletas locales, que dieron un mayor impulso a sus redes sociales para llegar a más gente. Desde entonces Candy ha expandido sus ofertas y es invitada a dirigir clases de repostería en sitios tan lejanos como la ciudad de Nueva York. "Ahora me despierto emocionada", dice ella. "Veo un giro en mi camino, voy en una dirección diferente y soy capaz de hacer más de lo que me gusta y de volver autónomos a otros. No estoy metida en la cama, furiosa y fastidiada o deprimida, porque amo lo que hago. Ahora estoy soñando mucho más en grande". Ella tiene un total de casi treinta mil fans en las redes sociales. Ha adquirido patrocinadores que le proveen insumos de repostería y apoyo gratis para su negocio, y sus tortas han salido en el Cake Masters Magazine. Ella ha aumentado el precio de sus creaciones para acercarse más a la tasa de mercado, y la demanda por sus tortas es bien alta. Ya no necesita tomar trabajos extra. La cocina y la administración de su negocio son todas piezas de una carrera que ella ama genuinamente.

El trabajo de Candy no se detiene en la administración de su propio negocio. Ella cree con todas sus fuerzas en ayudar a otros reposteros y provee apoyo y capacitación gratis a través de tutoriales semanales en YouTube e Instagram. Después de participar en Adelante, Candy incluso lanzó #QueenBeeBaker, un positivo movimiento de tutoría en línea para apoyar e inspirar a otros pasteleros.

¿QUIÉN ESTÁ EN TU EQUIPO?

• • • •

NO VAS A PODER HACER ESTO SOLA. ¡NECESITAS UN EQUIPO! YA hablamos de la necesidad de tener apoyo en tu viaje emocional para convertirte en cuentapropista. No estoy segura de que tú hayas superado esa necesidad. Sea orientador de vida, pastor, psiquiatra, esposo o amigo compasivo —¡o todos los anteriores!— necesitas tener instalado un sistema de apoyo emocional. También puedes llegar a confiar en un grupo de expertos que te pueden proveer orientación e información.

¿A quién necesitas en tu equipo? Te recomiendo que tan pronto le hayas puesto seriedad a lo de ahorrar dinero, consigas un banquero. Es importante no tenerle miedo a tu banco. Entra y pide hablar con alguien; entabla una relación. Por el camino, también necesitarás un contador, un corredor si vas a invertir en bienes raíces, un corredor de hipotecas y un corredor de seguros, entre otros. ¿Cómo encontrar los indicados para ti? Hay agencias profesionales que certifican a la mayoría de estos profesionales; ese es un buen lugar para empezar. No quieres a alguien de dudosa reputación. Pide a tus amigos que te hagan recomendaciones. Formula muchas preguntas; deja correr la voz de que estás buscando orientación. La gente, particularmente la gente mayor, usualmente compartirán gustosos el conocimiento que han obtenido de sus propias experiencias. El sitio web del movimiento ¡Adelante! theadelantemovement.com o adelanteemprendedora.com tiene una sección de recursos que te ayudará a encontrar a la gente que necesitas para tu equipo.

Encuentra el dinero escondido en Estados Unidos

J AMÁS EN LA HISTORIA HABÍA SIDO TAN FÁCIL VIVIR empresarialmente para las mujeres. Jamás ha habido un tiempo mejor para adquirir una franquicia o conseguir deducciones en impuestos, subsidios y descuentos. Estamos listas para tomar nuestro lugar en la sociedad como propietarias y líderes, no solo trabajadoras y seguidoras. La mejor manera de salir del modo supervivencia y construir riqueza es a través del emprendimiento. Son inmensas las compensaciones. Es nuestro momento.

Pero tengo que decirles: me duele que una de las cosas más grandes que nos retienen es la simple falta de información, lo que llamo la brecha del conocimiento. Las oportunidades disponibles para las emprendedoras son muchas, pero no sabemos dónde buscarlas.

Si no aprovechamos estas oportunidades en forma de becas, contratos, programas gubernamentales y recursos del sector privado dirigidos específicamente a la mujer, estamos dejando dinero en la mesa. El conocimiento es la herramienta para hacer dinero y conservar el dinero, y necesitamos educarnos. Así que, ¡vámonos a encontrar el dinero escondido en Estados Unidos!

ENCUENTRA DINERO ESCONDIDO EN TU CASA

....

EN LOS NEGOCIOS, LAS CUENTAS POR COBRAR SON LOS ACTIVOS O LOS servicios de la compañía que tienen algún valor, o simplemente el dinero que te deben. En los negocios, tú no quieres estar sentada en cuentas por cobrar, tú quieres cobrar esas deudas. Tu casa está llena de cuentas por cobrar. Hay dinero por hallar en tu casa. Vete a la caza de tesoros. Hazlo con tus hijos. Hazlo divertido. "¡El que se lo encuentra se lo queda!". Encuentra todas las tarjetas de regalo que recibieron por cumpleaños o Navidad. No importa lo que te digan los dependientes de las tiendas, las tarjetas de regalo no expiran jamás. Si alguien te dice que una tarjeta de regalo no puede ser reconocida, pide hablar con un gerente y dile a él o ella que lo que la tienda está haciendo es ilegal. Porque lo es. ¿Sabes por qué a los negocios les gustan tantísimo las tarjetas de regalo? ¡Porque el 80 por ciento de ellas jamás son redimidas! Gasta esas tarjetas de regalo en lugar de efectivo y tendrás esos ahorros para guardar.

Más cuentas por cobrar: cupones, programas de recaudación de puntos, descuentos para hacer efectivos. Millas de compañías aéreas. Refinancia tus planes de pago para tus cuentas de teléfono y cable y el seguro del auto. Cobra los préstamos que hayas hecho a amigos y familia. Revisa mensualmente los estados de cuenta de tus tarjetas de crédito, y asegúrate que las devoluciones sean tenidas en cuenta y no haya errores. Revisa tus reclamos de seguro médico y asegúrate de gastar cada centavo de tu cuenta de ahorros médicos o la cuenta de gastos flexibles.

Este ejercicio produce un beneficio adicional: te creará el hábito de ser consciente del dinero que gastas en casa y dónde se desperdicia. Además ordenará mejor tu vida. Esta consciencia y organización las necesitarás para administrar tu negocio.

EL TRIÁNGULO DORADO

• • • •

"Triángulo dorado" es el término que la gente usa para referirse al enorme y el lugar secreto donde se oculta el dinero en este país: corporaciones, gobierno y entidades sin ánimo de lucro. Vamos a echar una mirada a ver cómo podemos aprovechar estas bolsas de oportunidades.

LAS CORPORACIONES

EN ESTADOS UNIDOS LAS CORPORACIONES CONTRATAN O subcontratan buena cantidad de los servicios necesarios para satisfacer sus necesidades. Desde la comida —lo que se sirve en la cafetería— hasta el mercadeo, desde la producción de videos hasta los ingredientes requeridos para crear su producto, hasta la impresión, y desde el mantenimiento de sus instalaciones hasta los servicios técnicos, provienen de proveedores externos. El gobierno federal ofrece incentivos a las 500 compañías de *Fortune* por la adjudicación de un porcentaje específico de sus contratos a compañías propiedad de mujeres y miembros de minorías. Estos incentivos también aplican a los productos que las compañías venden a los consumidores. Por ejemplo, Walmart está buscando negocios de propiedad de mujeres que puedan proveer toda clase de productos para vender en sus tiendas. En la cúspide entre las compañías que tienen la mayor cantidad de programas de diversidad de proveedores está Coca-Cola. Esto es un punto de orgullo para Coke, que lo toma muy en serio y busca activamente compañías de propiedad de mujeres y miembros de minorías.

¿Cómo encuentras estas oportunidades? ¡Busca en Google los programas de diversidad de proveedores (supplier diversity programs)!

Encontrarás una lista de los tipos de productos que las compañías están buscando, así como orientación paso-a-paso para saber cómo pueden saber de ti los compradores. Estas compañías tienen ferias locales en todo el país a las que serás invitada a mostrar tu producto. Si eres mujer, particularmente una mujer de color, ellos buscarán asociarse contigo. Si les interesa tu producto pero tú no alcanzas a satisfacer su demanda, tratarán de emparejarte con un socio de manufactura. Walmart tiene uno de los mayores programas de diversidad de proveedores. Si consigues un contrato de Walmart para vender tus productos o tus servicios, nada más por el volumen ya te ganaste el premio gordo.

Para contratos de diversidad de proveedores y de gobierno (mira lo que sigue abajo) necesitas estar certificada: debes probar que eres confiable y que eres quien dices ser. ¡Necesitas una certificación de que eres una empresa hecha y derecha! En línea encontrarás una lista de organizaciones en tu estado que proveen certificación. También hay un grupo llamado WIPP —Women Impacting Public Policy— que asesora a mujeres sobre cómo satisfacer estos estándares y ser certificadas. Entrar a estas compañías requiere de cierto trabajo por parte tuya —de ninguna manera es un paseo— pero si lo consigues, chica, vale la pena.

EL GOBIERNO

CASI TODOS LOS DEPARTAMENTOS DEL GOBIERNO FEDERAL subcontratan a terceros. Esto significa que en nuestro gobierno hay un montón de dinero para emprendedores. Por ejemplo, una oficina del gobierno puede tener la necesidad de producir videos de capacitación para sus empleados. Si soy productora de videos, ese es un contrato por el que me gustaría competir. En todo el país se dictan clases gratis para enseñarnos cómo solicitar contratos del gobierno. El problema de estas oportunidades es que el gobierno no tiene presupuesto para mercadeo, así que la oportunidad no va a encontrarte; ¡tú tienes que buscarla! Visita los sitios web federales, estatales y municipales y entra a sus listas de correo.

Igual que para los programas de proveedores, no voy a decir que es fácil entrar por esta puerta y convertirse en contratista del gobierno. En algunos casos, la aprobación de todos los requisitos y radicación de todo el papeleo podría tomar hasta un año, pero si logras conseguirlo, es una tremenda oportunidad. En el www.theadelantemovement.com o en www.adelanteemprendedora.com, encontrarás historias de mujeres que se convirtieron en contratistas del gobierno. ¡Y son inspiradoras!

Administración de pequeños negocios [SBA]

La Administración de pequeños negocios (SBA) y el Ministerio de Comercio tienen dinero para propietarios de pequeños negocios. Tienen increíbles programas de préstamos para tu negocio, pueden ayudarte a comprar espacio de oficina para tu compañía, y realizan concursos y foros para empresarios en todo el país.

La Administración de pequeños negocios tiene muchas oportunidades que la mayoría de la gente no detecta. Por ejemplo, si compras un edificio para tu compañía y ocupas por lo menos 51 por ciento del mismo, puedes ser elegible para un préstamo de SBA a una tasa de interés muy baja con muy poco dinero al contado. Yo desearía haber sabido de esta opción cuando inicié mi primer negocio. ¡Son tantas las compañías en los Estados Unidos que valen menos que el bien raíz sobre el cual están asentadas! Si puedes, te animo a que consideres comprar el edificio en el cual funciona tu negocio. Vete a sba. gov y conoce la cantidad de beneficios que la Administración de pequeños negocios ofrece, incluida capacitación por todo el país. También encontrarás en el sitio la ubicación de las oficinas de la Administración de pequeños negocios cercanas a ti donde sus empleados te pueden explicar las formas en que puedes aprovechar sus ofertas para tu negocio. La Administración de pequeños negocios tiene un sitio web increíble, repleto de recursos. Tómate tu tiempo para explorarlo, vale la pena.

Incentivos fiscales del gobierno

Este es el tipo de gastadora nerd que soy yo: planeo mi año y mis gastos importantes más o menos en agosto, que es cuando el gobierno anuncia los incentivos para el pago de impuestos. Los incentivos para los impuestos federales son anunciados a lo largo del año y a menudo en respuesta a un problema puntual, como asuntos o desastres ambientales. Aprovechar los incentivos fiscales del gobierno es como ir a la tienda con el mazo de cupones más gordo y con mayor poder adquisitivo que te puedas imaginar.

El gobierno federal estimula a los negocios emergentes creando incentivos fiscales. Los incentivos fiscales federales se anuncian en agosto en el sitio web del departamento de impuestos federales (IRS). Su objeto es estimular el crecimiento económico de industrias que podrían estar luchando por mantenerse. Planea tus compras grandes de acuerdo con eso. Aquí hay un ejemplo de mi propia vida: hace dos años, compre un coche SUV con un 75 por ciento de incentivo fiscal dólar-por-dólar por comprar autos de un cierto peso. Esto significa que en un coche SUV de cincuenta mil dólares, obtuve 75 por ciento del precio del auto borrado de mis impuestos. Los ítems con los que incentivan cambian cada año: un año, son coches SUVs; el siguiente, pueden ser televisores de pantalla plana o lavadoras y secadoras solares. No realices compras de capital para tu familia o negocio sin chequear primero los incentivos. Por eso es que la gente que sabe de finanzas espera hasta el fin del año para hacer sus compras grandes.

Los incentivos fiscales estatales no siempre casan con los federales. Por ejemplo, debido a las condiciones de sequía, California ofrece a la gente un incentivo fiscal para que reemplacen sus céspedes con grama artificial. ¿Qué te dice eso? ¡Que el césped artificial es un negocio emergente en la Costa Oeste!

LAS ENTIDADES SIN FINES DE LUCRO

LAS ENTIDADES SIN FINES DE LUCRO SON EXCELENTES SOCIAS para emprendedores. Esas organizaciones ya han recurrido al público que buscas y te pueden ahorrar años de trabajo al ayudarte a dirigir tu negocio a ese público. Digamos que eres contadora. Si anuncias en el boletín de una que atienda pequeños negocios, es mercadeo dirigido. También puedes hacer una donación a alguna y obtener que te desgraven algo de tus impuestos. Estas organizaciones son grandes fuentes de información y capacitación que te pueden ayudar a llenar los vacíos de tu propio conocimiento sobre un tema específico. Averigua dentro de la amplia variedad de estas entidades dirigidas a las mujeres, a mujeres afroamericanas y asiáticoamericanas o mujeres con discapacidades, por ejemplo. Encuentra el grupo afiliado en tu espacio o algún espacio relacionado y aprovecha sus recursos.

Estas organizaciones también son excelentes dueñas de propiedades; alquilar espacios de ellas es una gran idea. A menudo alquilan para sí mismas espacio de oficina sobre el cual tienen contrato y buscan complementar los ingresos de la organización subalquilando esos espacios que no utilizan, a tasas por debajo de las del mercado. Es una situación en la que todos ganan.

Mónica Maldonado

En 1982, LA FAMILIA DE MÓNICA MALDONADO emigró de Colombia a Atlanta, Georgia, donde abrió una pequeña imprenta. Después de graduarse en la universidad, Mónica se unió al negocio familiar como representante de ventas. Rápidamente, ella y su padre se convirtieron en un dinámico dúo de ventas —su padre tenía la experiencia y el conocimiento, mientras Mónica ofrecía innovación y visión de futuro— pero diez años después, su crecimiento se había estancado. Ellos se habían venido apoyando en pequeños pedidos de los clientes minoristas y de los que entraban porque pasaban por el frente del negocio, unos y otros fuentes de ingreso inconsistentes que limitaron el potencial del negocio.

Mónica asumió un rol más importante en el negocio y tomó algunas decisiones clave: le cambió el nombre a la compañía a Interprint Communications y decidió crear un nuevo plan de negocios. Ella quería expandir el negocio apuntando a contratos de grandes corporaciones y cuentas comerciales. En busca de orientación, Mónica se afilió a los capítulos del National Minority Supplier Development Council (NMSDC - Consejo Nacional para el Desarrollo de Proveedores de Minorías) y del Women's Business Enterprise National Council (WBENC - Consejo Nacional de Empresas de Mujeres) en Georgia, y se enteró de los programas de diversidad de proveedores.

Siendo Atlanta la ciudad en la que estaba basado su negocio, Mónica se enfiló hacia la Coca-Cola

Company —una compañía con enormes recursos y base en esa ciudad. Con la esperanza de convertirse en un proveedor de impresos para Coke, ella buscó en línea "diversidad de proveedores, Coca-Cola" y encontró un enlace en el cual podía registrarse.

Registrarse fue fácil, pero convertirse en proveedor tomó tiempo y determinación. Mónica tuvo que llenar una abrumadora cantidad de papeles, pero fue certificada como propietaria de un negocio minorista. Con la orientación del WBENC, pudo obtener la certificación de minorista.

Mónica, quien actualmente es CEO y propietaria mayorista de Interprint Communications, dice, "Lo más importante es perseverar y no rendirse". Una vez que descifró el código de las solicitudes, papeleo y requisitos del programa, ella usó sus habilidades como vendedora para ofrecer sus servicios a Coca-Cola y ser una exitosa proveedora.

El conseguir un contrato con Coca-Cola, inmediatamente llevó la compañía de Mónica a otro nivel. Coca-Cola empezó a contratar con Interprint una variedad de proyectos más pequeños y lentamente fue llevándola a proyectos de impresión y diseño gráfico más grandes, lo que permitió que Mónica creciera y fuera adaptando su negocio a las necesidades de Coke. Ella piensa que tan importante como montar el negocio buscando superar las expectativas del cliente, es ser honesta y directa respecto a sus limitaciones, especialmente cuando se suscriben contratos grandes. A medida que Coke empezó a pedirle trabajos más exigentes, ella reconoció que para atender esos pedidos necesitaba ser flexible y estar dispuesta a asociarse con corporaciones que tuvieran la infraestructura que a ella le faltaba. Su disposición al cambio y al crecimiento la ha mantenido en el tope de la lista de proveedores de Coca-Cola.

Desde que Mónica fue certificada y consiguió su primer contrato con la Coca-Cola Company, el ingreso de Interprint ha crecido un 30 por ciento cada año, pero el foco de atención de ella sigue siendo la calidad y la satisfacción del cliente. Interprint ha podido invertir más de $2 millones en nuevas instalaciones, una prensa de seis colores y varias mejoras más, todo lo cual le permite proveer un producto superior y tiempos de impresión más cortos. El servicio confiable que ha prestado a Coca-Cola ha llevado a otras compañías a su negocio; ahora tiene contratos de suministro con importantes compañías a nivel nacional. La visión, perseverancia y trabajo duro de Mónica, han hecho crecer la imprenta desde ser un pequeño negocio familiar, a ser una compañía con un ingreso anual que se cuenta por millones.

GANAR POR CONCURSOS

. . . .

Las corporaciones, el gobierno y las entidades sin fines de lucro patrocinan concursos para mujeres emprendedoras durante todo el año. Un ejemplo de esto es el concurso Make Mine a Million $ Business, patrocinado por la Count Me In que hizo tan gran diferencia en la vida de Rupila Sethi. Los concursos son una forma de ganar dinero para el arranque, que no hay que pagar de vuelta. Lo que se gana es un premio, no un préstamo. ¡Es dinero gratis! Además te aportan una mayor visibilidad de tu producto o negocio y publicidad. Y ganar ese premio es una certificación con la que puedes hacer tu mercadeo. ¡Eres una ganadora! ¡O finalista! ¡Tienes una cinta o un sello! Eso es una declaración formidable que puedes llevar al mercado.

Tatiana Birgisson

COMO HIJA DE IINMIGRANTES, TATIANA BIRGISSON sabía el valor de una educación. Ella trabajó duro y entró a una buena universidad —Duke— y estudió ingeniería química con miras a conseguir un puesto bien pago cuando se graduara.

Estando en la universidad de Duke, Tatiana se trasnochaba y a veces pasaba la noche en blanco para poder cumplir con su trabajo. Vivía en un apartamento residencial financiado por la universidad, InCube, para estudiantes de pregrado interesados en emprendimiento, en el campus de la universidad de Duke. La vida y socialización con otras estudiantes interesadas en volverse emprendedoras, sembraron una semilla en su mente. Gran bebedora de té, Tatiana vio que para mantener su energía alta y sacar su trabajo adelante, ella estaba preparándose té dos o tres veces al día. "Con el tiempo, me aburrí de preparar té tantas veces al día, así que simplemente empecé a hacerlo todo de un vez en una olla grande en la cocina de mi residencia estudiantil", dice.

Su té se volvió muy popular entre sus compañeros estudiantes. Era hecho de mate, una hierba de Suramérica. (Su madre era venezolana, por eso Tatiana la conocía). El té no solamente la mantenía alerta sin ponerla nerviosa; también le ayudaba cuando se sentía nostálgica o deprimida. Y se le ocurrió que si lograba convertir su té en una bebida energizante, ella podría comercializarlo.

Birgisson se pasó todo un verano perfeccionando su receta, y finalmente decidió usar hojas de guayusa, prima cercana del mate, con un contenido de cafeína casi igual al del café. Después que se ideó el mejor método de preparación, Birgisson organizó catas con sus amigas para concretar la cantidad ideal de té por jugo de fruta. Compró una olla más grande y trasladó la operación a una cocina comunitaria.

"Al principio, solo lo vendía en barriletes a oficinas", dice. "Pero entonces todo el mundo empezó a pedirlo en botellas para poder llevarse a casa y compartir con la familia". Así que Tatiana se inscribió en el Duke Start-Up Challenge y ganó $11.500. Ella usó ese dinero para producir la bebida en botellas.

En 2015 a sus veinticinco años de edad, Tatiana Birgisson fundadora de una nueva compañía de bebidas llamada MATI Energy, fue una de las cuatro mujeres que fueron presentadas en el Google Demo Day, evento anual en el cual Google invita a emprendedores para que presenten sus startups (compañías incipientes) a inversionistas locales y observadores de la industria. MATI Energy se llevó el primer premio y obtuvo gran cobertura de medios, incluida una historia en la revista *Forbes*. Esa historia en *Forbes* atrajo inversionistas y hoy día MATI se vende en el sur de los Estados Unidos en seis tiendas Whole Foods, donde se convirtió en un éxito de ventas en su categoría, y hay planes de lanzarlo al mercado en esa cadena por todo el país.

Hay concursos que pueden ayudarte a arrancar tu negocio en todo el país. Tatiana supo del concurso de Google por la universidad de Duke, pero tú puedes encontrar un listado completo de concursos en la página web de theadelantemovement.com o adelanteempresaria.com. Los concursos son como el American Idol del emprendimiento, y te pueden ayudar a dar en el blanco de lo que es tu negocio y ayudarte a presentar tu idea frente a otros. Además los premios no están sujetos a condiciones; no tienes que pagarle nada a nadie y no estás vendiendo acciones de tu compañía. Es un excelente salto de inicio.

Tatiana todavía hace todo el trabajo raso, desde etiquetar las botellas hasta tomar pedidos y entregar cajas. Ella dice, "Para finales de año MATI estará vendiéndose por lo menos en cien tiendas de Whole Foods. Puedo vernos en cinco años, a nivel nacional y quizás internacional. Pero primero tendré que contratar unas cuantas personas".

RECAUDO DE CAPITAL

....

COMO GANADORA DEL CONCURSO DE GOOGLE, TATIANA APRO-vechó la publicidad y el entusiasmo para buscar una primera ronda de inversionistas. Recaudar capital es el paso siguiente para hacer crecer un negocio. Cuando estés lista para recaudar fondos, ve al sitio web del movimiento ¡Adelante!, donde encontrarás todo tipo de orientación y recursos acerca de las mejores maneras para hacerlo.

Vive una vida rica en todos los sentidos y pasa la antorcha a tus hijos

HE PASADO LOS ÚLTIMOS CUATRO AÑOS VIAJANDO, he asistido a encuentros de mujeres para hablar y enseñarles de emprendimiento, y he tenido el privilegio de llevar en esos viajes a muchas mujeres inspiradoras. Una de ellas, Rigoberta Menchú, laureada con el Premio Nobel, me ha ayudado a entender y visualizar lo que significa ser una emprendedora todos los días. Rigoberta es una mujer indígena de Guatemala. En su juventud, vivió en las montañas en una época en que la guerra de guerrillas arrasaba a su paso por todo el país y los pueblos indígenas estaban siendo aniquilados. Cada domingo, su padre caminaba con ella seis horas hasta un convento en el que Rigoberta podía trabajar como sirvienta toda la semana hasta que su padre volvía a recogerla. Finalmente ella aprendió a ir y volver por sí sola.

El trabajo de Rigoberta en el convento era tan bueno, que les cayó en gracia a las monjas. Al principio, ella solo hablaba en su dialecto indígena, pero las monjas le enseñaron español, y también a leer y escribir. Una vez que pudieron comunicarse, ella pudo contarles las cosas terribles que le estaban ocurriendo a su pueblo. Cuando Rigoberta era una adolescente, la mayoría de su familia fue masacrada por guerrilleros mientras ella estaba en el convento. Temiendo por su seguridad, las monjas la sacaron del país de contrabando y la enviaron a un convento en México.

Cuando llegó al convento mexicano, Rigoberta le contó su historia a uno de los sacerdotes, quien trajo un equipo de periodistas de Francia para entrevistarla dos meses seguidos. Esas grabaciones se convirtieron en Yo, Rigoberta Menchú, un libro que describe en detalle lo que le estaba pasando al pueblo indígena de Guatemala y por toda Latinoamérica. Su libro fue publicado por todo el mundo, en sesenta idiomas. Y en 1992, a la edad de treinta y tres años, le fue otorgado el Premio Nobel de la Paz.

Fue una bendición para mí que Rigoberta me acompañara y les hablara a las mujeres en los Estados Unidos. Yo quería que escucharan su conmovedora, dramática e increíble historia y que se sintieran inspiradas por lo mucho que ella había podido lograr a pesar de los obstáculos que debió enfrentar. Ella dijo a las mujeres, "Si yo pude ganar el Premio Nobel habiendo empezado de sirvienta que ni siquiera sabía leer, entonces tú también puedes lograr grandes cosas. ¿Cuál es tu excusa, tú que vives en Estados Unidos con tantos dones y ventajas?".

Rigoberta también me contó algo que hizo vibrar una cuerda muy profunda dentro de mí y que me ha centrado en este trabajo. Y trato de hacer eco de eso cuando yo misma hablo a mujeres. Dijo: "El pueblo indígena guatemalteco cree que todos debemos usar un cinturón para recordarnos que la mitad de nosotros es del cielo y la mitad de la tierra. Cada día al despertar, necesitamos recordarnos a nosotros mismos el sueño más alto que tengamos, porque sin nuestros sueños no somos nada. Tenemos que pensar en grande y muy ampliamente e imaginar cosas que creemos no son posibles. Luego debemos recordarnos a nosotros mismos que esos sueños deben ser bajados a la tierra, porque también somos de la tierra. Los sueños sin acciones no son nada; se evaporan".

¿Qué es lo que necesitamos hacer cada día? Necesitamos tomar nuestros sueños y necesitamos anclarlos en la realidad. Necesitamos dar pasos concretos. Como dice Rigoberta, "Da el primer paso y planta las semillas. Hazlo cada día".

Yo misma vivo según las palabras de Rigoberta y les agrego mi propio sesgo positivo para describir lo que hago: soy una campesina. Me encanta arremangarme y ensuciarme las manos. Y no sólo planto la semilla. Paso el arado en los campos. Riego los brotes. Estoy en los campos cada día haciendo el trabajo, y cuando es tiempo, mi cultivo crece.

En últimas el dinero que te ganas es excelente, pero no es el gran pago. El pago es que tú sabes que puedes hacer esto; eres fuerte por dentro y tienes una autoestima real construida de adentro hacia fuera, ladrillo a ladrillo, paso a paso. Tú has hecho todos los trabajos por el camino y has sido su dueña en cada etapa. Podrías volver a hacerlo todo de nuevo si tuvieras que hacerlo. Puedes reproducir exactamente tu éxito porque viene desde tu interior. Es más, lo harás más rápido y mejor la próxima vez porque llevas toda esa experiencia bajo el cinturón. Y estás lista para compartir con otros lo que has aprendido. No es nada más que eso. Ahora eres autónoma, eres autosuficiente y rica en todos los sentidos.

¡Felicidades!

PASA LA ANTORCHA

. . . .

¿CUÁL ES NUESTRA MAYOR INTENCIÓN COMO MUJERES? NOSOTRAS llevamos la semilla de las generaciones futuras; literal y figurativamente. Uno de los más profundos impulsos que tenemos como mujeres es el de traer nueva vida al mundo. Aún aquellas de nosotros que elegimos no tener hijos, o que no podemos tenerlos, nacemos con ese instinto maternal. Nuestra naturaleza es criar, cuidar de aquellos que amamos. Y durante mucho tiempo, eso fue todo lo que necesitamos para dar orientación y un sentido más profundo a nuestras vidas. Pero ya no es suficiente. Estamos listas y somos capaces de hacer más.

No es que amar a nuestros esposos e hijos y criar una familia hayan perdido su significado. En realidad es precisamente lo contrario. Es que queremos crear mejores vidas para nuestras familias, nuestras comunidades y nosotras mismas. Podemos abrir nuevos caminos, corregir errores de generaciones pasadas, señalar nuevos y mejores senderos para generaciones futuras. Esa es la recompensa del viaje de una heroína.

Si alguna vez se te ocurriera pensar que lo que estás haciendo en tu viaje es egoísta —y es muy posible que oigas eso— aquí está algo a lo cual quiero que te aferres y tengas muy claro dentro de ti: este viaje no es solo tuyo. Estás predicando con el ejemplo. Estás creando un nuevo modelo para tus hijas y las hijas de tus hijas. Estás siendo modelo de un comportamiento para cuando tus hijos escojan a sus esposas. Tus nietos dirán, "Mi abuela fue una emprendedora y una luchadora". Tú estás criando una generación para que sea autosuficiente, no para que crea que se lo merece todo. Tú estás cambiando el mundo que te rodea.

Como dice Rigoberta Menchú, cada día cultivamos y plantamos semillitas que florecerán y crecerán. Volverse una emprendedora y empresaria se puede convertir en algo más grande de lo que somos. Estamos sembrando semillas que están echando raíces en la tierra y que florecen en sueños que buscarán llegar al cielo.

SUBIR A LA PIRÁMIDE

. . . .

UNOS CUANTOS AÑOS ATRÁS, VIAJÉ A MÉXICO CON UN GRUPO de amigos y visitamos el antiguo y monumental sitio arqueológico de Teotihuacán, ciudad precolombina asentada en las afueras de Ciudad de México, que data de la primera mitad del primer milenio. Teotihuacán, conocida como "la cuna de dioses", fue construida por los integrantes de una antigua civilización, más vieja que la de los mayas y la de los aztecas, quienes venían a honrar sus antepasados en templos decorados con tallas dedicadas al dios Quetzalcoatl, la Serpiente Emplumada, que simboliza el vínculo entre el mundo terrenal de los hombres y el reino de las deidades que viven arriba en el cielo. Es un lugar sagrado.

La estructura más alta de Teotihuacán es la Pirámide del Sol, la tercera pirámide más grande del mundo, construida alrededor de 200 d.C. Las escalinatas de piedra de la pirámide se elevan 233 pies en sentido prácticamente vertical. Subirla es matador; hace calor bajo un sol que quema, los escalones de piedra son burdos y el ascenso empinado y vertical. Pero subir la pirámide es una de las principales cosas para hacer en México, así que allí fui.

Hay una estación de paso justo antes de llegar a la cúspide, donde nos detuvimos a beber algo y recuperar el aliento para la parte final del ascenso. Hace mucho viento —al parecer siempre hay viento allá arriba— y sientes como si te fueras a caer de la pirámide. Nos tomamos el agua, tratando de no mirar hacia abajo.

Nuestro guía dice, "La mayoría de la gente no llega a la cima porque el viento los asusta. Ellos se rinden y bajan de nuevo o caen por el borde". Se ríe; quizá no el mejor de los chistes porque de hecho algunos turistas han muerto por haberse caído y rodado por los escalones. Para continuar, "El secreto para llegar arriba es no temerle al viento y no tener miedo de caerse. Usted es quien no se permite llegar más alto. La brisa no va a tumbarlo. Usted se tumbará a sí mismo".

Y con esas palabras, yo acepto el reto y me uno al grupo que seguirá subiendo, escalón por escalón, en medio del viento y el calor. Y así llego a la cima. Contemplo la vista imponente que te quita el aliento y me pregunto por qué se me ocurrió que yo no podría hacerlo. ¡Vaya, lo tengo! La metáfora llega a una verdad profunda: el verdadero obstáculo es uno mismo.

Alcanzar el sueño de ser empresaria triunfadora es algo que sucede paso a paso, cada minuto de cada día de tu vida. Y aún cuando ya tienes tu meta al alcance, está el viento; el viento siempre está soplando. Pero tú cuentas con lo que se necesita para subir. Y cuando lo hagas, te preguntarás qué te hizo pensar que no podrías. Cáptalo todo, disfruta cada minuto de tu logro, y luego, créeme, empezarás a buscar la próxima cumbre. Porque estás enganchada. Estás lista para el próximo reto. Nada más pregúntame. Yo sigo subiendo.

¡Adelante!

¡ADELANTE!

Cuéntanos tu historia y encuentra las historias
de otras mujeres en

www.theadelantemovement.com

www.adelanteemprendedora.com

Descarga gratis el app SELF MADE
para iOS y para Android.

www.becomingSELFMADE.com/app

Agradecimientos

UIERO DAR LAS GRACIAS A GUY GARCÍA, QUIEN se hizo amigo mío después de haberme seguido de cerca por un artículo que él escribió para *The New York Times Magazine*. Ese artículo fue un gran momento en mi vida. Yo había seguido su carrera como periodista en Time, *The New York Times* y AOL, era gran admiradora de sus libros *The New Mainstream* y *The Decline of Men* y me maravillaba su precisión al predecir tendencias. Su investigación lo había llevado a unirse a EthniFacts, una firma de investigación y estadísticas que pronostica olas culturales y sociales para compañías Fortune 500. Le pedí su colaboración para este libro porque sé que Self Made es un cambio cultural y económico y yo lo quería cimentado en la solidez de los datos. Para mí ha resultado muy emocionante la elaboración del innovador informe investigativo "The Self-Made Economy", basado en la investigación que Guy llevó a cabo para este libro. Ese informe explica el auge del emprendimiento femenino, particularmente entre mujeres de múltiples culturas, así como su impacto en la economía nacional y también global.

Te agradezco, Guy, la increíble experiencia de trabajar en el imponente entorno de Catskills, charlando y recopilando historias. Gracias por iniciarme en mi viaje inaugural y por haber hecho de la muy emocional experiencia de escribir un libro, algo precioso. También quiero dar las gracias a Lisa Quiroz, esposa de Guy y muy querida amiga mía, por abrirme las puertas de su casa tan generosamente.

Gracias a Julie Grau, mi editora y editorialista, a quien conocí mucho tiempo atrás cuando *Entertainment Weekly* nos incluyó en una lista de "gente para no perderla de vista", todos prometedores y capaces ejecutivos de la industria del entretenimiento. Me atreví a escribirle una carta diciéndole que su trabajo me parecía genial y que deberíamos conocernos. Con el correr de los años nos hicimos amigas y celebramos los acontecimientos en la vida de cada una; y ahora, al trabajar juntas y compartir tanto de nuestros propios viajes, hemos completado el círculo. Julie te agradezco tanto por tu trabajo, por espolvorear mágicos polvillos de hadas sobre mis palabras, y por ayudarme a encontrar mi propia voz como escritora. Sé que esta ha sido una experiencia que ninguna de las dos va a olvidar.

Gracias al equipo de Random House: Tom Perry, Cynthia Lasky, Sally Marvin, Melanie DeNardo, Leigh Marchant, Andrea DeWerd, Jessica Sindler, Steve Messina y Barbara Bachman. Gracias a Greg Mollica por mi preciosa sobrecubierta. Gracias especiales a Laura Van der Veer por trabajar noches y fines de semana. Aprecio tanto tu dedicación. Gracias a Andrea Montejo y a María Victoria Roa por darle belleza poética a mis palabras en mi lengua materna.

Quiero agradecer a Mim E. Rivas y Todd Nordstrom por echarme a andar con su cariñoso apoyo, y a Joanne Gordon por ayudarme a encontrar el por qué.

Gracias a mis agentes literarios, Jan Miller y Lacy Lynch. Jan, desde el minuto en que supe que quería escribir este libro, quise trabajar contigo. Admiro enormemente tu propia historia de empresaria. Eres una persona excepcional y una mujer de negocios extraordinaria. Definitivamente voy a canalizarte en uno de mis momentos de "actúa como si". Lacy, eres una joven mujer súper inteligente y una fiera guerrera. He disfrutado cada minuto que trabajamos juntas. Eres dedicada e impactante y estoy tan contenta de tenerte en mi equipo. No puedo esperar a verte convertida en...

Heidi Krupp, gracias por tu ayuda con la publicidad para el libro y la marca Self Made. Adoro tu energía positiva. Eres una estrella del rock. Para tu equipo increíble —Gabrielle Aboodi, Caity Cudworth y Darren Lisiten entre ellos— mi más profundo aprecio.

Gabriel Reyes fue el asistente a quien le dije que se volviera publicista, así que lo despedí de asistente mío y lo contraté como publicista de Galán Entertainment. Gracias por ayudarme tanto a través de los años. Te quiero mucho.

Natalie Molina Niño es una experta en tecnología para poner en marcha y una gran amiga. Gracias por poner a disposición tus talentos y tu maravilloso equipo para la estrategia de marca de Self Made. Agradecimientos especiales para Rakia Reynolds, Citi Medina, Joya Dass, Almaz Crowe, y Sheena Allen. Y unas enormes gracias para ti, Bonny Taylor.

Monica Haim, gracias por ayudarme una vez más, esta vez supervisando todo el contenido para el sitio web de Self Made. Les agradezco su cariño y apoyo, a ti y al maravilloso Aaron.

A Ingrid Duran y Catherine Pino, Roberto Fierro, Anaís Carmona, y el resto del equipo en D.C., va mi aprecio para todos ustedes.

Steven Wolfe Pereira: un agradecimiento especial a mi gemelo. Hemos sido buenos amigos desde que nos conocimos. Tu cariño, apoyo y capacidad intelectual han sido invaluables para mi. Gracias por tantas horas que pasamos creando. . . Y un público agradecimiento especial a Nuria y Sebastián. Me encanta que hayan aterrizado el avión.

A mi querido amigo Bruce Charet, valoro mucho tu inteligencia, tu lealtad, y nuestra amistad de toda la vida. Estamos conectados por nuestros valores "a la antigua".

Suze Orman, eres un verdadero pilar de apoyo para las mujeres. Gracias por tu generosidad. Eres una persona realmente auténtica y coherente y es por eso que sigo tu ejemplo.

Sandra Cisneros, eres amiga verdadera y una inspiración. Atesoro el tiempo que hemos pasado juntas y te doy las gracias por haberme enseñado a encontrar mi voz auténtica y convertirme en una chingona.

Nell Merlino, eres un espíritu generoso que ha dado tanto a las mujeres. Tú me inspiras a ser cada día una mejor persona. Sin tu liderazgo no existiría Movimiento Adelante y tampoco Self Made.

Jay Itzkowitz, gracias por ser mi confiable asesor y amigo. Adoro nuestros planes de negocio en servilletas de desayuno. Gracias Pria, a ti también, por todo tu cariño y apoyo.

A mi equipo en Galán Entertainment: Rob Smith, gracias por respaldarme en todo momento, por tu lealtad y tu calma. Danila Koverman, a quien conozco desde que me contrató en E!, gracias por organizar y ejecutar toda nuestra vida digital. Luisa, soy feliz de tenerte a bordo. Michael Gloistein, gracias por llevar nuestros libros. Roberta Turner y Ted Adams, mis contadores por años, gracias por ser mi sólido eje central.

A Sheila Conlin, Tim Ferretti y Dave Downey: gracias porque hicieron cobrar vida a las historias de Self-Made.

Un agradecimiento especial a Concepción Lara, quien creyó en mí, incluso en mis momentos más sombríos, así como a Diana Mogollón, Kathleen Bedoya, Barbara Farmer, Carlos Portugal y Norma Carballo, el equipo Galán original. Ustedes son mi familia.

A mis agentes y amigos en WME —Mark Itkin, quien creyó en mí y me apoyó por más de veinticinco años (te extrañaremos), Jad Dayeh, y Angela Petillo, con quien amo hacer tratos— les agradezco a todos.

Gracias a las mujeres que me inspiraron, mis mentoras y amigas: Sonia Sotomayor juez de la Corte Suprema, Rosie Ríos, Tesorera de EE.UU., María Contreras-Sweet, Janet Murguía, Nina Vaca, Linda Dunn, Sheryl Sandberg, Arianna Huffington, Gayle Berman, Sherry Lansing, Patti

Rockenwagner, Dawn Ostroff, María Elena Lagomasino, Rigoberta Menchú, Andrea Robinson, Diane Forden, Monique Pillard, Dottie Franco, Diana Alverio, Aida Barrera, Raysa Bonow, Bea Stotzer, Minerva Madrid, Anne Thomopoulos, Patssi Valdez, Pam Colburn, Deborah Groening, Elaine Spierer, Luisa Liriano, Kelly Goode, Janet Yang, Debra Martin Chase, Sheila Conlin, Karen Koch, Donna Groves, Maggie Langley y Susan Habif.

Gracias a los hombres que han sido mis mentores, que me han inspirado y ayudado a lo largo de los años: Bob Regan, Henry Cisneros, Raúl Izaguirre, John Oxendine, Bernard Stewart, Don Springer, Michael Solomon, David Salzman, Emilio Azcárraga, Michael Fuchs, Chris Albrecht, Lowell Mate, David Evans, Rich Batista, Haim Saban, Rupert Murdoch, Jon Feltheimer, Andy Kaplan, Alan Sokol, Don Browne, Jim McNamara, Mike Darnell, Ben Silverman, Chuck LaBella, Cris Abrego, Jeff Zucker, Gary Acosta, Armando Tam, Mel Cooper, Rene Alegria, Jerry Perenchio, Al Erdynast, John Langley y Frank Ros.

Quiero agradecer a mis amigos en la Coca-Cola Company y la Coca-Cola Foundation que han apoyado mi trabajo con el Movimiento Adelante: Sandy Douglas, Lauventria Robinson, Bea Perez, Kathleen Ciaramello, Monica McGurk, Lori Billingsley, Linda Brigham, Alba Adamo, Sarah Marske, Angie Rozas, April Jordan, Lillian Rodríguez López, Rudy Beserra, Humberto García-Sjögrim, Peter Villegas, Reinaldo Padua, Melissa Palacios y Alejandro Gómez.

A mi familia —mis amados padres y mi hermano, Arsenio; mis tías, Dulce, Rosa y Adelita; y la familia en Cuba, Nina, Georgina, mi tío José Manuel y mis primas Maritza, Elena, Emily, Yvette y Chevy— gracias por amarme incondicionalmente. A mi hijastro Paul (P-Rod), te conozco desde que tenías ocho años y me siento tan orgullosa del hombre emprendedor en el que te has convertido. A Paul, gracias por darme el mayor regalo de mi vida, Lukas. A Teresa a quien quise tanto y extraño tanto. Mi amor a toda la familia Rodríguez por su amor y apoyo. A mi "modern family": gracias a los Ulf por darnos la bienvenida a Lukas y a mí al seno dela familia en forma tan amorosa. Gracias a Betty y Frank Ulf por los muchos momentos que hemos compartido, y a mis hijastros Amanda, Abby y Connor por su generosidad, su amor y sus risas.

A mi pequeña célula familiar: Brian, Lukas y Desi el yorkie. Gracias a por todo el amor.

Finalmente a todas mis mujeres ¡Adelante!, que han inspirado este libro, y a todas mis hermanas latinas, afroamericanas, asiáticoamericanas, nativas americanas, mediorienteamericanas, y blancas: mi empatía por todas nosotras es cuántica. Nuestros viajes jamás son fáciles, pero este es el momento de unirnos y crecer. Todas estamos en esto juntas.

Denominada "Magnate Tropical" por *The New York Times Magazine*, **NELY GALÁN** es una defensora del empoderamiento de la mujer, productora de televisión y ganadora de un Premio Emmy, es también la propietaria de Galán Entertainment, una dinámica y multicultural compañía de los medios que ha creado más de setecientos programas de televisión en inglés y español y ha ayudado a lanzar diez canales alrededor del mundo. La primera presidenta latina de programación una cadena de televisión en Estados Unidos, Telemundo, Galán es también fundadora del Adelante Movement, un tour nacional de motivación y plataforma digital que une y empodera mujeres latinas social, económica y políticamente. Es una cotizada oradora que ha hablado en la Coca-Cola Company, American Express, JPMorgan Chase, General Electric, la Clinton Foundation, y las Naciones Unidas, entre otras compañías y organizaciones.

www.nelygalan.com
www.becomingSELFMADE.com
www.theadelantemovement.com
www.adelanteemprendedora.com
Facebook.com/Becomingselfmade
@beSelfMadenow

ACERCA DEL TIPO DE LETRA

Este libro se montó en Sabon, un tipo de letra diseñado por el reconocido tipógrafo alemán Jan Tschichold (1902-74). El diseño de Sabon está basado en la forma original de las letras de Claude Garamond diseñador de tipos francés, del siglo dieciséis, y fue creado específicamente para ser usado en tres fuentes: tipo fundición para composición manual, Linotipo, y Monotipo. Tschichold dio nombre a su tipo de letra por el famoso fundidor de tipos de Frankfurt, Jacques Sabon (c.1520-80).

NOTAS

NOTAS

NOTAS

NOTAS